出色的妈妈
教出出色的孩子

郭莹莹●编著

天津科学技术出版社

图书在版编目（CIP）数据

出色的妈妈教出出色的孩子 / 郭莹莹编著. —天津：天津科学技术出版社，2009.3
ISBN 978-7-5308-5069-5

Ⅰ.出… Ⅱ.郭… Ⅲ.家庭教育 Ⅳ. G78

中国版本图书馆CIP数据核字（2009）第033547号

责任编辑：吴文博
责任印制：白彦生

天津科学技术出版社出版
出版人：胡振泰
天津市西康路35号 邮编：300051
电话：（022）23332398（编辑室） 23332393（发行部）
网址：www.tjkjcbs.com.cn
新华书店经销
北京合众伟业印刷有限公司印刷

开本 690×970 1/16 印张15 字数180 000
2009年3月第1版第1次印刷
定价：28.00元

前　言
你也可以拥有出色的孩子

母亲是孩子的第一任老师，也是最重要的老师，她不仅是将孩子带到这个世界的人，更承担着养育孩子，让他健康成长的责任。

然而从女孩到女人到母亲，每一生命的转折总是幸福中带着迷茫，喜悦中掺杂着彷徨。初为人母的时候，我们没有经验，不懂正误，缺乏指引，只能在不知所措中如履薄冰地前行。

没有方向的前行是可怕的，问题扑面而来：

为什么我的孩子身体不够健康？

为什么我的孩子不够聪明好学？

为什么我的孩子会走上歧路？

为什么我的孩子会变得冷漠无情？

为什么我的孩子不能够像别人那样出色？

皱起的眉头，含泪的双眼，焦灼的心情，你的心里塞满一个个沉重的问号。但回答这些问题的不应该是你的孩子，也不应该是哪位专家或者教授，而是你自己。

没有不爱孩子的母亲，但爱不是全部，不是智慧，不是科学，不能等价交换孩子的幸福。那些说错的话，做错的事都将影响孩子的一生，每一个失误都可能是万劫不复的开端。精心栽培的幼苗能长成参天大树，错误的方法，扭曲的心态却会酿成苦果。

孩子来到这个世界时是一张白纸，所有的一切均取决于你。只有当你修炼成为出色的主妇，合格的妈妈时，你才能有正确的心态，才能以正确的方法,去指引孩子的人生。

然而要如何才能修炼出一身育儿好本领?那些报纸杂志上争锋的理论,那些散落在网络上一鳞半爪的知识,那些似是而非的所谓经验,自说自话,自相矛盾,只会让人更加迷茫。

作为一名新人母亲,你需要成体系的教育,需要贴近现实的案例,需要快速上手的方法,需要知其然、知其所以然,还要知道如何对付这个"然"。理论知识、生活经验、实用方法,一个都不能少!

我想你需要的,就是这本《出色的妈妈教出出色的孩子》。

本书集众多专家意见和成功母亲经验于一体,深入浅出剖析做个出色母亲的方方面面,用最浅白的语言说明最深奥的道理,用最简单的方法解决最复杂的问题,手把手教你如何调整自己的心态,如何看到问题的本质,如何让孩子成人、成才、成功。一课一课,逐级进阶,99堂精华课程让你迅速跻身超级妈妈的行列。

拥有这本简单的书,你也可以拥有出色的孩子。

还在等什么呢?现在,上课,起立!

目 录
CONTENTS

前言 生命中最美好的礼物

Chapter1 预备篇

第一章 初为人母 001

做母亲，你准备好了吗 002
出色的主妇不抱怨 005
是责任也是爱 007
你是孩子独一无二的母亲 009
别把孩子当玩具 011
减压，告别天才计划 014
你的恐惧来自哪里 018
圆梦是一种无聊情结 021
最好的意义 023

第二章 美丽母亲 025

寻找出色主妇的助理 026
孤军作战不可取 028
可怕的"妈妈牌祥林嫂" 030
看看孩子以外的世界 032
最真实的养成游戏 034

爱是一种加成	036
主妇也可以很美丽	038
完整的人生更出色	041

Chapter2　成长篇

第三章　欢迎来到健康家庭　　045

打造最安全的港湾	046
最出色的演员	048
孩子的镜子人生	050
不要老是想当年	052
家庭让权威走开	054
标准只有一个	056
孩子不是出气筒	058
真心说声"谢谢"	059
永不消失的微笑	061
千金一诺不可废	063
黑色，白色和灰色	065
发泄有方法	067
赞扬到底满足了谁	069
别拿孩子玩个性	071
给孩子一个真实的世界	074

第四章　出色的妈妈这么说　　077

永远不要说出口的字	078
批评有方法	080
维护孩子的面子	082
告诉他：这么做	084
夸奖夸对地方	086

对木偶人说再见　　　　　　089
回应，而不是反应　　　　　　091
有些信任不能辜负　　　　　　093
你所不理解的"对"　　　　　096
不要孩子太懂事　　　　　　　099
惩罚，三思而后行　　　　　　102
需要一个教育钟　　　　　　　105
每天都是新开始　　　　　　　107
请吃回忆牌药丸　　　　　　　109
百无一用是威胁　　　　　　　111

第五章　孩子要长大　　　113

背叛有时候等于尊重　　　　　114
最好的品德　　　　　　　　　116
出色的妈妈是"笨蛋"　　　　118
成长需要犯错的机会　　　　　120
压力，一点点就够　　　　　　122
让他自己做决定　　　　　　　125
孩子自信需要母亲的信心　　　127
让孩子小小地享乐一下　　　　129
真选择，假选择　　　　　　　131
让性问题不再尴尬　　　　　　133
感受另一种生活　　　　　　　135
玩物一定丧志吗　　　　　　　137
只和自己比　　　　　　　　　139
袖手旁观等待失败　　　　　　141
好奇心惹的祸　　　　　　　　143
送他一副软猬甲　　　　　　　144
你的爱有多重　　　　　　　　146

第六章　从问题孩子到出色孩子　　149

谈场"早恋"又何妨　　150
他学坏了吗　　152
他为什么要说谎　　154
脏话：从哪里来，到哪里去　　156
不可不谈的钱　　158
不说话的权利　　160
让孩子为你而骄傲　　162
盗窃：不是犯罪是犯病　　164
扼杀好逸恶劳的苗头　　166
虚荣，一点点就好　　168
分享也是一种快乐　　170
厌"学"不厌学　　172
孩子，你不用捣蛋了　　174
风头VS风云　　176

Chapter3　情感篇

第七章　爱是一种习惯　　179

你在和谁交谈　　180
闭上嘴，专心听　　182
把辛苦讲给孩子听　　184
家庭剧场今日开张　　188
猫猫狗狗的快乐时光　　191
礼物不是一切　　193
出国，晚一点行吗　　194
带他去旅行　　196
一起为梦想努力　　198

安上电话闹钟 200
一天一个睡前故事 202

第八章　明明白白我的爱　205

永远拥抱他 206
拍摄成长轨迹 208
交换日记本 210
孝子贤孙伺候着 212
爱要怎么说出口 214
心意的外表 216
特别时刻很特别 218
把自己也当成小孩子 220
不贴邮票的信 222
大胆开口要礼物 224

Chapter1　预备篇
第一章　初为人母

俗话说：不打无准备之仗。

生育是女人一生最大的转折。无论心理还是生理，不管心态还是智慧，年轻的妈妈们都将面临极大的挑战。如果不能及早地做好准备，身份转变的困惑、扑面而来的压力、扭曲的育儿理念、自以为是的错误教育方法，都将成为自身和孩子生命中的不可承受之重，足以毁掉幸福的人生。

所以，请赶快参加妈咪预备役，学做出色妈妈，为由内到外做好迎接新生活的准备，为自己、家庭和孩子的幸福，再添一重保障。

做母亲，你准备好了吗

做母亲，你准备好了吗

阿美一向耳软心活，在教育孩子上也不例外。

一开始，阿美听从丈夫的话，希望给孩子一个宽松的成长环境，让他的个性能够自然舒展，不会成为像自己这一代这样，到了成年才开始追寻童年时期压抑的自我。

"想做什么，想说什么，就大胆做大胆说，知道吗？"阿美一再对孩子说。

可是这天孩子的外公外婆来访，觉得阿美对孩子太过宠溺，恐怕孩子会被宠坏，于是批评了阿美一顿，外婆更是语重心长地传授了一通育儿经。

外公外婆走后，孩子对阿美抱怨："外公外婆好凶，我想吃颗糖都不许。"

阿美一想刚才父母"棍棒之下出孝子"的理论，便严肃地责备了孩子一通，说他不该这么没大没小地随便评论长辈。孩子心里委屈，"哇"的一声哭了。

一段日子后，孩子似乎慢慢适应了阿美的严肃，不再随便开口评论。可是这天阿美又看了本关于孩子培养的书，觉得自己这么做是在压抑孩子的天性，不利于自己和孩子沟通，于是连忙改了风格，鼓励孩子大胆开口，尤其要学会质疑权威，比如家中的长辈。

孩子对阿美的变化有些怀疑，阿美好说歹说地劝他："妈妈又不是神，当然可能做错事啦。要是妈妈做得不对，你就要指出来。别怕，妈妈不会怪你说长辈坏话的，有什么就说好吗？"

等孩子终于又鼓起勇气和阿美争论今天晚饭是不是有足够营养的时候，阿美接了朋友一个电话。这位朋友恰巧生在一个特别传统的家庭，虽然在这个开明的时代不至于抱着"君君臣臣，父父子子"的三纲五常不放，但是却对父母与孩子之间的界限看得特别重。听了阿美最新的读书心得，她马上反驳，引经据典说明了父母不在孩子面前建立权威的坏处。

听了朋友的长篇大论，阿美马上又动摇了。孩子独自述说晚饭菜式的不当之处，用书里看来的种种健康饮食观点批评阿美的手艺，不想阿美板着脸说："吃就吃，怎么这么多废话。妈妈做了这么多年菜，当然知道怎么做最好。"

孩子沉默了，埋头吃饭。

就这样，阿美一会儿跟风赏识教育，一会儿追随大棒子政策，一会儿在家推行自由发展，一会儿又要严格执行培养计划……

阿美花在孩子身上的心思不少，孩子却对阿美越来越疏远，甚至不时透露出厌烦和抗拒的神色，连两人谈话时要么是"嗯嗯啊啊"地敷衍，要么就是口气很冲地挑衅。

阿美非常苦恼，为什么自己的教育这么失败呢？

出色妈妈课堂

阿美的教育的确很失败，她似乎一直运用着各种教育理念，她也依然离"出色"二字尚远，因为她忽略了最重要的一点：教育风格定位。

正如列夫·托尔斯泰所说的那样，"世界上幸福家庭都是相似的"，出色的母亲也是相似的，但是在教育孩子的风格上，往往因人而异。

亲子教育一直是大众，尤其是母亲们关心的话题，近年来也涌现出各种教育理念。这些教育理念都有其道理，不少母亲因此培养出了出色的孩子。但是每种教育理念风格不同，甚至有对立的可能，如果有自己的教育风格定位，再吸纳百家之长自然是好，但如果像阿美这样没有定位好自己的教育风格，胡乱跟风，则会变成在孩子面前朝令夕改，让孩子无所适从。

孩子因为母亲的前后不一遭到训斥惩罚的时候，不但会产生委屈和困惑，甚至因此觉得无法掌控自己的生活而产生强烈的不安全感，对这一变化的源泉——母亲产生排斥和敌对情绪，成为母子关系上重重的裂痕。

可见对于母亲来说，在学习各种教育理念之前，一定要做好自身的准备，定位好自己的教育风格，保持对孩子教育的一致性。同时，在此基础上进行知识吸收，学习各种教育理念、成功母亲的优点，逐渐完善自己的教育方式。如果自身没有做好准备，觉得这样也好那样也有道理，见异思迁，盲目跟风，只会让孩子成为无辜的试验品。

课堂笔记：三种方式定位出出色的教育风格

第一种 继承式

孩子总是在模仿父母的行为，即使在长大成年之后，童年生活也会在潜意识中留下深深的印记。如果对自己的成长结果满意，对自己父母的教育方式大致认同，那么不妨从模仿开始，继承父母的教育方式，将之作为教育风格的基础。

第二种 个性式

人难以长时间违背自己的个性，如果自己是个严肃的人，那么可能会觉得和孩子谈笑有些勉强；如果平日随性不羁，那么也很难在孩子面前摆出一副严母的面孔。从自己的个性出发，找出最合适的教育风格，才能长期坚持，做到亲子教育的一致性。

第三种 榜样式

如果对自己父母的教育方式颇有微词，也不知道究竟什么样的教育方式才合适自己，那么不妨在众多教育理念中选择一种觉得最好的作为榜样进行模仿，从模仿中逐渐找到最合适自己的风格。需要注意的是在一个时期一个榜样足够了，贪多的结果只会更加迷茫混乱，再次陷入上文阿美的怪圈中。

出色的主妇不抱怨

生孩子是人生大事,刘琦是知道的,可是即使有了心理准备,刘琦还是没想到有了孩子之后生活会有这么大的变化。

首先是忙,家务骤然多了数倍,让人喘不过气来;接着就是经济压力,似乎钱一夜之间贬了值,处处捉襟见肘;还有夫妻间从二人世界变成三人行,自己从二十多岁的大孩子变成一子之母,甚至和朋友们之间产生的隔膜……种种心理问题也纷至沓来,让刘琦难于应付。

于是抱怨成了刘琦的习惯,不管遇上什么事情,她都会长叹一口气,然后开始连篇累牍地抱怨。后来愈演愈烈,再让人高兴的事情到了她嘴里,都会成为愁云惨雾。

孩子对班集体活动热心,贡献突出得到老师的表扬,回家兴冲冲地告诉刘琦,刘琦叹口气:"光会做这些有什么用?能让你考试得第一?能保证你考上好大学?有这点时间不如好好学习呢。"

孩子一下子蔫了。

等孩子用功拿了高分回家,刘琦还是长叹一口气:"别以为考个好分数就有用,现在社会上哪看重这些。北京大学毕业生卖肉,博士去扫大街的多了,成绩好有什么用?"

孩子不说话了。

这么一来二去,孩子不再为任何事情努力了。以前身上的朝气也没了,开口闭口都是泼人冷水的话,在班里,连小同学们都不爱和他一块嬉戏玩耍。

出色妈妈课堂

孩子是一张白纸,上面的一切都是父母在描画。除了直接的教育交流,父母在家庭里的一言一行,都被孩子看在眼里,记在心里,潜移默化地影响他们心理成长。

如果父母乐观开朗，那么孩子也会养成积极的心态；如果父母成天唉声叹气，总是看到事物灰色的一面，那么孩子自然也会成为性格悲观者的一员，失去孩子应有的朝气。

由于对世界持有怀疑和排斥的态度，孩子不会认为生活中会有好的事情发生，当然也就不会为好的未来、好的结果去努力，失去进取的精神和努力，很难有美好的未来可言。

另外，他不但对自己的生活悲观，还会对别人的生活悲观。谁会喜欢与一个时时刻刻都在泼人冷水、打击自己激情的人相处呢？这种悲观的心态还会成为孩子的社交障碍，使他从小缺少友情的滋润，社交能力得不到锻炼，心灵也会因为缺少朋友而变得孤僻。

虽然初为人母压力骤增，但是切不可变成一个怨妈妈，想做出色的主妇，首先就要学会控制与调节自己的情绪。当感觉到自己不时被厌烦的情绪困扰，抱怨开始增多的时候，就要赶快学会减压，保证孩子能够有一个积极的精神环境，要知道母亲的一言一行，决定着孩子的明天。

课后作业：制作出色妈妈的快乐笔记本

（1）拿出一本全新的笔记本，封面最好是明亮的暖色，里面有漂亮的卡通图案。

（2）坚持每天至少记录一件让自己觉得快乐的事情。

（3）自己画上插图，不管绘画水平如何。

（4）请自己身边的人在这个本子上写上赞美的语言。

（5）为这些事情和表扬标上编号，增加成就感。

（6）心情烦躁的时候阅读这本笔记本。

（7）如果事情可以重复，如烧个好菜让心情愉快，刻意多做这类事情。

（8）努力在被称赞的方面有所进步。

是责任也是爱

贾欣生了个漂亮的千金，可是她并不快活。因为她根本就不想要这个孩子，觉得自己还年轻，应该多享受几年自由舒心的日子，可是抵不住父母的唠叨、丈夫的恳求、朋友的劝说以及其他各方面的压力，才心不甘情不愿地做了母亲。

不过贾欣是个负责的人，不会把这说不清道不明的怨气发泄在孩子身上，对女儿，她倒是照顾得很好，对女儿衣食住行的打点几乎可以成为大家参考的范本。

可是在这样一个"模范妈妈"的养育下，贾欣的女儿却没有像别的同龄孩子一样活泼可爱。虽然她文静乖巧，但总带着一丝怯生生的味道，说话做事显得不够自信，眼睛里时不时闪过惊惶、害怕的神色。

这天贾欣送女儿去上学，这是寒假过后开学的第一天，学校热闹得像集市，家长们纷纷叮嘱孩子注意这个注意那个，饿了记得吃零食，渴了记得去小卖部买饮料，上课要专心，下课要和同学好好玩……

这种情况下，贾欣和女儿的对话显得尤其简短。

"没什么事了？"

"没有了。"

"那我走了。"

"妈妈再见。"

"对了，晚上我有事晚点回家，晚饭爸爸做。"

"知道了。"

贾欣转身走了。

旁边的班主任听见了觉得诧异：孩子才一年级，要是换了别的母亲有事回家晚不能按时做饭，肯定得叮嘱孩子几句，先吃饼干啊，或者放学路上买点什么吃啊，要不就干脆做好了饭放在冰箱，孩子回去热热就能吃，哪像这位妈妈那么干脆。

看看贾欣走远的背影，班主任似乎有点明白了班里这个可爱小姑娘为什么总是显得有点过分内向孤僻的原因。

出色妈妈课堂

表面上看贾欣是个不错的母亲，把女儿的生活打点得相当妥帖，但是她缺少做一个出色妈妈的首要条件：那就是对孩子的爱。

爱是孩子成长环境中必不可少的重要因素，然而完成任务，尽自己的责任，给别人交代，满足长辈的愿望，贾欣怀孕的所有理由中唯独没有一个：我希望有一个爱情的结晶。她的情感从一开始就处于被动状态。由于没有足够的情感动机做支撑，所以尽管她尽职尽责地养育女儿，事实上并没有完成从女人到母亲的心理准备，所以她无法从生育和养育的过程中获得快乐，甚至在潜意识中对这件事情有排斥的情绪。

这种情绪从贾欣的一举一动中散发出来，从每一个细节传达给女儿。小孩子远比我们想象得要敏感，心灵更加脆弱，母亲不爱自己这个事实会给予她严重的不安全感，造成她自闭、忧郁、自卑等负面性格。

因此，贾欣虽然因强烈的责任感为女儿提供了不错的物质条件，教育方面可能也是一丝不苟，但是因为女儿感受不到母亲的爱，整个成长环境是冷漠的，所以女儿只能用谨慎的言行来保护自己，以冷对冷。

尤其是当她发现自己与别的孩子待遇不同，别的母亲对孩子亲昵宠爱时，她就会产生怀疑：为什么妈妈不这么对我？妈妈是不喜欢我吗？是因为我不够好，做错了事，妈妈才讨厌我吗？在潜意识中将自己的待遇归结为自己的原因，对自己不自信，影响性格的正常发育。

爱是亲子教育中不可缺少的一环，比起各种专家吹捧的教育方式，母亲的爱重要得多。有了爱，其他一切可以逐渐改善；但是没有爱，再尽责的母亲，再完美的教育，都无法养育出出色的孩子。

你是孩子独一无二的母亲

小说里常有这样的情节：后宫的妃嫔生了孩子交由嬷嬷抚养，自己忙着承欢邀宠，结果孩子长大了不认母亲，对自己的教养嬷嬷却亲近有加。

周静万万没想到，类似的情景也会出现在自己身上。

周静从小是个娇小姐，在娘家被母亲娇生惯养，婚后被丈夫视若珍宝，二十多年来十指不沾阳春水。所以在生下女儿后，面对换尿不湿、清理孩子呕吐的奶渍、抱着孩子哄他睡觉之类非脏即臭、动辄就让人累得要命的事情，周静既不知道该怎么做，也不愿意去做，干脆一股脑扔开，雇了两个保姆轮流照顾孩子。

开始的日子是很美好，周静觉得做妈妈的感觉棒极了。每天睡醒了，吃过早饭，就到婴儿房看看孩子，如果他醒着就用摇铃之类的玩具逗得他咯咯叫，如果他睡着了自己就到楼下走走，看看书听听音乐，很快就是一天。

那天孩子周岁，家里大宴宾客，周静也开心地抱着孩子四处炫耀。不料孩子在周静怀里突然哭起来，周静用尽办法也无法让他停下。保姆看见周静满头大汗，接过孩子。可巧孩子一到保姆怀中就止住了啼哭。

周静看见孩子不哭了，就又抱到自己怀中。没想到孩子一到周静怀中就哭，回到保姆怀中就安安静静。如此反复了好几次，宾客中已经能听见轻轻的笑声。周静突然"哇"的一声哭了出来，感觉到前所未有的挫败感和羞辱。

出色妈妈课堂

文艺作品中常常描写血脉之亲间的特殊感应，现实生活中这种科学尚难以给出完善解释的现象也时有发生。但母子之间的亲情建设却不能全部依靠血缘关系，浓烈的感情来自于平常生活一点一点地累积。如果因为懒散爱洁等原因放弃了与孩子共处的时间，则无法累积起足够的感情。

孩子是敏感的，他对外界的认知来源于外界事物对他的作用。孩子饿了母亲给他食物，冷了给他加厚被盖，病了喂他吃药，都是在解决孩子的需求。在这个过程中，孩子从母亲处得到安全和保护，对母亲逐渐建立起信任和依赖，进而演变成亲情。如果缺少这个过程，即使孩子长大后懂事，他也无法建立这种最初的安全感和依赖性，使得母子关系中缺乏最基础的元素，许多所谓出自高门大户的孩子彬彬有礼，对父母也恭敬有加，但偏偏就让人觉得不够自然亲近，原因就在于此。

孩子懂事后会掩饰这种疏离，但是文中周静的孩子刚满周岁，所有的反应直接表现为行动，因为周静和他相处时间短，也没有很多满足他需求的行动，所以他在周静怀抱中没有足够的安全感，即发出啼哭。相反，保姆和孩子朝夕相对，为他做得最多，相处时间最长，也因此取得了孩子的信任。

亲子关系的建立和世界上任何事情一样，没有付出就没有收获。从生理角度来说，你是孩子独一无二的母亲，但是从感情角度来说，这份亲情却未必不能被取代。一个出色的母亲，必然是孩子心理和生理上都不可缺少的人，是他最信赖亲近的人。因此，你必须做好付出的准备。

课堂笔记：孩子最易接受的三种感情建立方式

（1）喂食。根据马斯洛需要层次理论，食欲是最基础生理需要之一，也是孩子最本能的需求。在他无力自己满足这一需求时，亲自喂食会迅速建立起母子之间的信赖和依恋。

（2）抚摸。肌肤相触的感觉是奇妙的，在这个过程中孩子会逐渐熟悉母亲的气味、触感与温度，增加对自己的亲近。

（3）哼唱。除了可以熟悉自己的声音外，孩子在半睡眠状态下会将母亲的相关信息记录在右脑中，加强母子之间的联系。

别把孩子当玩具

婚后生活比想象的平淡，唐宁夫妻很快就觉得日子漫长而无聊。当一次去朋友家喝朋友孩子满月酒后，被孩子可爱打动的他们决定生个宝宝来为生活制造点乐趣。

他们运气不错，一年后，一个白白胖胖的孩子来到了唐宁家，生活骤然变得热闹了。

可是想不到孩子除了带来乐趣外还带来了这么多麻烦，唐宁有时候觉得真有点吃不消，只想躲起来大睡一觉。有时她可以抱着孩子摇啊唱啊一两个小时；有时候却瘫在沙发上，哪怕孩子在隔壁房间大哭大闹也懒得起来看看是怎么回事。

有朋友发现了这种情况劝她说："别这样冷一阵热一阵地对孩子，小孩子也懂事呢。"

可是唐宁却满不在乎："嘿，小孩子知道什么。"

的确，孩子长得健健康康的，所以唐宁更加把朋友的劝告当耳边风。

这天唐宁打算逛街，孩子却跑过来："妈妈，我的火车不能动了。"

唐宁瞅了一眼孩子手里的火车，没看出什么问题，急着出门不愿仔细检查："你换个玩具玩吧。"

"可是我想玩开火车。"孩子说。

唐宁皱皱眉："玩别的也一样，去玩吧。"然后匆匆出门。

孩子嘟着嘴走开了。

第二天下午，唐宁在沙发上百无聊赖地看杂志。读到一篇回忆自己和母亲一块做针线活的文章时，唐宁心中感动万分，决定也要和孩子留下一点美好的记忆。

"来，妈妈给小熊做新衣服了。"唐宁唤孩子。

"我在搭积木呢。"孩子回答。

唐宁拉过孩子："积木有什么好玩的，我们来玩过家家。这是小熊，妈妈要给它做顶漂亮的帽子，这是小狗，你说给它做个什么呢？"唐宁一边说，一边拿出花布摆弄。

"蝴蝶结！小狗戴蝴蝶结。"孩子觉得挺有意思，忘了积木，积极地出着主意。

"好，就做个蝴蝶结。你看哪种花色好看？"

"这个红色的。"

唐宁和孩子正玩得快活，朋友打电话来告诉唐宁百货公司促销，上次舍不得买的裙子打三折，唐宁立刻准备出门。

"妈妈，蝴蝶结还没做完呢。"孩子抗议。

"这样，然后这样，再叠过来，用绳子系起来就行了。"唐宁胡乱做了个蝴蝶结，出了门，留下孩子对着满地的玩具、花布和针线盒发呆。

出色妈妈课堂

孩子会给生活带来很多乐趣，但孩子绝不是母亲的玩具，而是有血有肉有感情，需要母亲爱护尊重的一个人。

唐宁认为孩子小，潜台词就是认为孩子没有和自己一样的感情，不会对所遭受的待遇作出成年人一样的反应，可以随便对待。但事实上孩子对于周围人的态度，尤其是最亲的人之一——母亲的态度相当敏感，有着自己的情感需求。

把孩子当成玩具，高兴的时候玩玩打发寂寞，不想玩的时候就当成累赘抛在一边，忽冷忽热的待遇无法给予孩子稳定的感情环境，使他的情感需求一直处于过饱或过饥的状态，容易产生对感情的病态需求，不但孩子性格易走极端，并且可能造成孩子人格上的偏执和扭曲。

当孩子智力发育逐渐成熟时，他能够察觉到母亲根本没有重视自己的意见，仅仅是把个人意念强加于自己，完全忽略自己感受。这时候，他轻则因为没有得到足够的尊重而委屈，产生自卑、畏惧、冷漠等性格问题；重则演变为对母亲的仇视，进而对人性失望，行事偏激，甚至走上歧路。想要孩子变得出色，你必须认识到妈妈所肩负的责任。

课后作业：出色的孩子需要尊重

（1）孩子说话的时候，认真听他说，并积极作出回应。

（2）希望和孩子一起做某事的时候，邀请而不是要求。

（3）当邀请被拒绝的时候，不可利用家长的权威改变孩子的决定。

（4）答应孩子的事要做到，做不到的时候主动作出解释和补偿。

（5）重视孩子的感受，并鼓励他们表达自己的感受。

（6）当孩子提出意见时，认真考虑并尝试改正。

（7）对孩子尽可能保持恒定的态度，不要受自身情绪影响而有过大的起伏。

（8）告诉孩子你感谢他为你带来的乐趣，但不要对他说你就是为了这些乐趣才生他。

减压，告别天才计划

秦瑶有对非常开明的父母，尽情享受了童年的欢乐。不过有时候秦瑶也会开玩笑地说几句："要不是你们对我要求不严，凭我的聪明肯定有一番大作为的。"

是的，秦瑶很聪明，但是小时候光顾着玩，弹琴、绘画、跳舞之类的事都没学，奥赛之类的事情也没参加。现在生活虽然过得不错，但有时候朋友中暗自比较一下，秦瑶总会有点失落。

所以儿子出生后，秦瑶就制订了一个非常完美的"天才养成计划"。

很早秦瑶就开始让孩子双语同时学习，既养成纯正的外语语感，又能开发智力。

除了传统的算术啊，背诵唐诗三百首之类，秦瑶又增加了许多右脑开发课程，积极开发孩子的非智力因素。

书法、手工、绘画、音乐，全面提升孩子的素质。

身体最重要，体育锻炼不可少，长跑打底，篮球增高，武术健身，样样都要学。

……

每一项秦瑶都有安排，都有细化的标准，都要做到完美。连写字，秦瑶都让儿子早早临帖。别的孩子刚学会拿笔的时候，儿子已经能把颜体写得似模似样了。

这样的孩子怎能不受夸奖呢？儿子渐渐长大，秦瑶受到的赞扬越来越多。每次听到别人夸儿子聪明，夸自己能干，秦瑶心里都比喝了蜜还甜，对儿子更是要求严格："做事就要做得最好，不然咱就干脆别做。"

"知道了。"儿子眨巴着眼睛。

可是这天秦瑶却接到班主任电话，说儿子在学校和老师争吵起来还不肯道歉，要她马上去处理一下。

儿子是有名的有礼貌，尊师重道也是自己一直教的，怎么会这样呢？秦瑶满脑子迷惑地赶去了学校，在教室见到了满面泪水的儿子和气得脸红红的语文老师，还有在一旁焦急万分的班主任。

原来语文考试时，儿子写作文写着写着觉得自己字写得不好，于是另找了纸一笔一画重写。可是注重了字的美观，速度就上不去，加上重写本来就浪费了不少时间，于是交卷时候儿子还没写完。

可是儿子就是不肯交卷，开始语文老师还劝说，后来看儿子钻了牛角尖一样非要写完才交卷，有点脾气的语文老师也火了，两人就这么争执起来。

秦瑶连忙问儿子："乖乖，交卷子吧。没写完就没写完，没关系的。妈妈知道你能写出好作文，交吧。"

想不到儿子竟然回答："不，我要交就交最好的，字要好，写得也要好。谁都不准抢我的卷子，我要写，我要写。"

最后几句"我要写"一声比一声大，儿子眼睛也有点发直。秦瑶心里咯噔一下：这不像是和老师赌气，倒有点像精神病呢。

果不其然，儿子被查出有轻度的抑郁症和偏执。据医生说，这是压力太大所致。

出色妈妈课堂

小小年纪得了精神病，压力来自于秦瑶，也来自儿子自己。

由于从小的严格要求，以及细化的培训计划，使得秦瑶的儿子一直生活在一个有着明确目标的环境中，整个环境都在暗示他什么才是最好。在这种环境下长大的儿子对追求"最好"，本身就有一种超出旁人的执著。

这种执著如应用得当，那么是成功的助力。但是由于孩子还小，整个思考体系并不成熟，励志型语言"做事就要做得最好，不然就干脆别做"到了他这里就不仅仅是励志，反而成为一种深入骨髓的指令，使他的性格发生偏转，对于"最好"的执著演化为不正常的偏执。

不断追求最好，为了最好忽视所有，成为儿子来源于自身的心理压力。加上秦瑶不断对此进行巩固，这种压力得不到缓解反而不断加重，终于压垮了儿子，使他小小年纪成为精神病患者。

对孩子的期许每个家长都有，但是过分强调成功，强调标准，只会给孩子太大的压力，甚至使他习惯于自己给自己施压。孩子不同于成年人，本身抗压能力不强,没有自我减压意识,甚至无法察觉自己已经成为压力过重的受害者。而当压力过大的恶果表象化的时候,问题已经到了一个相当严重的程度,阴影有可能伴随孩子的一生。

课后作业:为孩子减压的"YES"和"NO"

YES	NO
教导孩子为了享受过程,为提升自己而努力,避免失败时打击过重	教导孩子为了成功而努力,诱使孩子以成败论英雄
鼓励孩子说出对生活的体验,使他把着眼点放到自身的感受这一模糊的标准上	把生活细节化,把事件结果量化,诱使孩子为自己的行为打分
表扬孩子,让他学会自我欣赏	过分鼓励孩子继续进取,忽视现有成就
不要对事物赋予过分重大的意义,让孩子轻装上阵面对人生	过分强调某事的意义,加重孩子的心理负担
当孩子沮丧时帮助他转移注意力,如带他出去散心等,舒散他的压力,避免情绪陷入失败阴影中无法自拔	当孩子失败时要他从哪里跌倒就从哪里爬起来,不给他喘息的机会而让他一直沉浸在失败的事物或领域里,容易使他钻牛角尖

随堂测验:你有天才培养强迫症吗?

1. 有几种补品或者保健品你认为是怀孕后必不可少的?

   A. 三种以下

   B. 四到六种

   C. 七种以上

2. 正在开家长会,好友打电话说有急事让你去她家,然后因为没电挂断了电话。你会怎么做?

   A. 朋友有急事当然赶快去

   B. 问问老师还有什么事,看看自己能不能提前走

   C. 家长会一会儿就开完了,一会儿再去朋友家吧

3. 生孩子后经济紧张,这时有人向你介绍一种非常有效的促使婴儿智力发育头盔,但价值不菲,你会怎么做?

    A. 我根本就不信这些东西

    B. 如果有钱就买,现在经济紧张就算了

    C. 借钱也要买一个

4. 你觉得人生中最重要的事情是什么?

    A. 平安是福

    B. 事业有成

    C. 名留青史

5. 你觉得今生最大的遗憾是什么?

    A. 完全没有遗憾了

    B. 有些遗憾,但谁能没有遗憾呢

    C. 有些事一提起来我就觉得黯然

以上五题,选 A 得 1 分,选 B 得 2 分,选 C 得 3 分。得分越高,说明对孩子成为天才的期盼越大,给自己的压力也越多。得分高于 13 分者,请注意调整心态,否则你的心态容易使得整个环境变成重压环境,给孩子压力的同时还会诱使孩子进行自我施压而导致不良后果。

你的恐惧来自哪里

孙玲玲喜得千金,女儿黑亮亮的眼睛,红扑扑的小嘴,雪白娇嫩的皮肤,简直就是个美人胚子,这让孙玲玲既高兴又得意。

不料这天看了电视后,孙玲玲变得有些焦虑了。电视里讲的是一个拐卖儿童的犯罪团伙落网,并且列举了他们的种种犯罪行为以及现在这些被拐卖儿童的现状。那些被拐孩子凄惨的生活让孙玲玲既同情又害怕:自己的小女儿这么可爱,万一被这些人拐走怎么办?

不仅是电视节目,报纸杂志上的新闻,网络流传的消息,亲友们的闲谈都会时不时给孙玲玲带来恐惧,她看女儿的眼神也有了越来越多的忧郁。

为了防止女儿成为这些可怕事件的受害者,孙玲玲变成了最唠叨的人,一而再,再而三地叮嘱女儿各种注意事项。

"要是有不认识的人给你东西吃,千万别吃!"

"要是有叔叔盯着你看,想要摸你,你就大声叫,周围没人的话就跑到人多的地方去,知道吗?"

"不是妈妈要你吃的东西千万别随便乱碰,可能是毒药,吃了就死了。"

后来越说越离谱,不管女儿提到什么,孙玲玲都能大惊小怪一番。

"今天幼儿园来了个新阿姨,长得真好看,说话声音也好听。"女儿对孙玲玲说着今天的见闻。

"长得好看,说话声音好听你就喜欢她?"孙玲玲觉得危险了,"妈妈告诉你,绝对不可以这样。有的骗子就是长得好看说话好听,然后就骗你到深山老林,喂老虎吃!"

"还有啊,别以为当老师的都是好人,说不定她就是骗子伪装的!"

"就算她现在是好人,说不定以后见钱眼开和骗子勾结把你们这些孩子全卖了!"孙玲玲的脑海里浮现着一个个案例,女儿听得似懂非懂。

不久那位新来的老师奇怪了,为什么孙玲玲的女儿老躲着自己,连自己靠近一点就跑呢？甚至她老是缩在教室的一角，用不该属于这个年纪的警惕目光打量着一切。

出色妈妈课堂

　　社会上犯罪现象不少，罪犯的花样也越来越多，母亲担心孩子的安危无可厚非，教导孩子学会保护自己也值得提倡，但是像孙玲玲一样草木皆兵就大可不必。

　　孩子常年被灌输这样夸大的信息，会觉得身边的一切都充满危险，巨大的恐惧心理使他们对生活产生逃避、排斥和抗拒的对立心理，使之难以融入社会，影响社交能力的发展，甚至导致人际交往能力缺乏。

　　同时，这种成天处于恐惧之中的心情还会使他们的情绪动荡不安，肾上腺素分泌加剧，无法专心到学习以及其他事情上。儿童时期是智力发育关键时期，注意力分散则会使智力发育明显减缓，使孩子不但在儿童时期落后于同龄孩子，甚至成年后也无法弥补这一差距，在情绪控制能力上也会低于常人，造成生活中的种种困扰。

课后作业：做一张生活检验表

　　对儿女的过度担心，在某些程度上是为人母者不够自信或是对自己的某些痛苦经历心有余悸。为自己做一张生活检验表，提升对自己和对孩子的信心吧。

　　（1）写出自己当时认为是非常重大的失败和挫折，例如高考落榜、失恋等。

　　回顾失败之后自己的心理，对比现在的生活，看看当初自己是不是有些过分夸大；找出身边经历过类似事件但走出阴影的事例，例如失学后创业，失恋后嫁得如意郎君等，写下来，越多越好。

　　（2）回忆自己的经历中，某些可能对一生有负面影响甚至丧失生命的经历，例如失足滚下山等。

　　回忆这些经历的细节，对比现在的自己，以"我活得好好的"的想法来排除对这些事情的恐惧；查阅资料，找出应对这些事情的方法，增加自己的信心，"如果再遇到这样的事情，我会怎么怎么做……"

（3）每次对孩子担忧时，不要沉溺在担忧中，立刻用笔记录下担忧的东西，并且着手查阅资料，看看怎么可以应对这些事情。

将查阅到的对应方法归纳整理，附上自己的心得，做出今后对孩子教育的规划；再次担忧同样问题时，拿出这些记录，将之视作已经解决的问题，停止担忧；如果无法停止担忧，那么请继续查阅资料，直到觉得自己对教育孩子胸有成竹为止。

圆梦是一种无聊情结

刘琦有一个不能提的话题，那就是跳舞。

刘琦从小就爱跳舞，很早就显露出跳舞的天分，屡屡在各种文艺会演中得奖。一开始刘琦的母亲很支持女儿的业余爱好，还送她去舞蹈培训班进行专业训练。可是到了初中，刘琦母亲认为应该把心思放到学习上了，于是不再让刘琦去上舞蹈班，并且不允许她参与任何有关舞蹈的事情。甚至在一次国庆文艺会演的排练中，闻风而来的母亲还当众把刘琦从排练的同学中揪走，让刘琦的自尊心大大受损，致使之后数年再也没提表演的事情。

等到刘琦长大成人有了从事自己爱好的自由时，已经不再适合跳舞了。看看别人翩翩起舞，再看看自己僵硬笨拙的四肢，刘琦备感失落。

把自己的孩子培养成舞蹈家，让她成为舞台上最美丽的明星，这在刘琦生下女儿后就成为她不可动摇的信念。

然而女儿并没有继承刘琦在舞蹈方面的天赋，对于刘琦给她的舞蹈培训毫无兴趣，甚至在刘琦的一再逼迫下越发仇视跳舞。

周五晚上刘琦叮嘱女儿："明天早点起来。我好容易帮你找了个舞蹈老师，比现在培训班的好多了，是中央艺术团的退休顾问。你早点休息，明天好好表现，这老太太不是随便收学生的，你可别丢脸。"

"妈，我不去行不？"女儿皱着眉，"我和同学约了去看画展。"

"不去哪行！你知不知道我托了多少人才有这个机会带你去试试。"

"我不喜欢跳舞，你费这么多事干吗！你想跳就跳，干吗拉扯上我。"女儿有些不耐烦了，"反正我要去看画展。"

"要知道当年我多想跳舞，就是你外婆不许，你现在有这么好的机会还要放弃。"刘琦觉得委屈，"画展看不看有什么要紧，为了破画展浪费这个机会，你太不懂得珍惜了！必须去，我说你该去就必须去！"

"我就喜欢画画，就爱看画展，你凭什么不让我干爱干的事！"女儿哭着喊。

这话让刘琦一愣,好像当年自己也对母亲说过类似的话。难道历史重演了吗?

出色妈妈课堂

对刘琦来说,跳舞的确很美好,但对于刘琦的女儿来说,却未必如此。虽然一个是逼迫女儿不跳舞,一个是努力让女儿学跳舞,但是实质上,刘琦和她母亲都在做同样的事情,那就是勉强自己的孩子按照自己的愿望生活,忽略了孩子自身的需求。

孩子是自身血脉的延续,但不是自身生活的延续,可是不少父母错误地混淆了二者,把孩子当成实现自己愿望,弥补自己遗憾的工具。

孩子是独立的个人,有着独立的情感和思维,有着独立的需要,尽管有母子之亲,你的愿望依旧不能替代孩子的感受,圆梦实质上是企图侵占孩子人生的自私行为,用孩子被扭曲的人生来圆自己当年的梦不但无聊,甚至有害。

表面上看,一切都是在为孩子着想,甚至他们无法理解孩子为什么会抗拒自己的苦心安排,因为在他们看来,自己提供的都是很好的东西,实际上他们只是把自己曾经的需要强加于孩子身上,对孩子而言是一种不应承担的负担,甚至会引发孩子的逆反心理,不断的争执也会淡化母子之间的亲情,造成隔阂。

另外,从事自己不喜欢也未必擅长的东西,对孩子来说也可能因为无法得到满足感和成就感而造成挫折,影响孩子心理的健康发育。

因此,在为孩子计划着种种美好安排的时候,最好先考虑一个问题:这到底是我的愿望,还是孩子的愿望?要知道出色的定义并不只有一种,学会理解孩子的选择,有你的支持他在另一条道路上也能成功。

最好的意义

竭尽所能给孩子最好的，是天下母亲的心愿，也是母亲们的可敬之处。

张雪对女儿就是如此，什么都要给女儿最好的：最漂亮的衣服，最舒服的鞋子，最好看的图书，最好听的音乐。

对于吃，张雪就更是在乎了。哪种食物含有哪几种成分，有什么好处，怎么吃才能发挥最大功效，她都研究得清清楚楚。

比如糙米和玉米各一半时打出的汤汁最有营养，一周四个鸡蛋人体最好吸收又不至于造成负担，食用油中橄榄油最好，豆子里黑豆营养最丰富，每天晚上适合喝酸奶，早上适合喝豆浆，张雪都记得明明白白，理由说起来一套又一套。

可是儿子并不领情，常常不肯配合张雪。比如水果吧，张雪中意的是有"水果之王"之称的猕猴桃，不管多贵都会买回来削好让儿子吃，可是儿子什么水果都爱吃，就是不肯吃猕猴桃，说有个怪味。

"又不是榴莲，哪有什么怪味。"张雪不以为然。

"就是有，我不爱吃这个。"儿子扁扁嘴。

张雪苦口婆心："这个维生素丰富，是最好的水果。"

儿子不服气："又不是只有猕猴桃才有维生素，我吃苹果、香蕉、吃梨子、西瓜，多吃点不就行了，干吗非吃这个。"

张雪火了："哪有那么多歪理。这个最好，就吃这个，快吃！"

"不吃，就不吃！"

一场战争就此爆发。

猕猴桃简直成了张雪和儿子之间的死结，什么都好说，就是这个话题一提就要吵架。儿子不明白，自己吃那么多水果还不行，非得吃这个"有怪味"的猕猴桃？不就是维生素吗？自己吃那么多水果难道不能弥补？

张雪也不明白，明明是最好的水果，最好的补充维生素的方式，为什么儿子就是不爱吃呢？

出色妈妈课堂

孩子偏食挑食的确影响身体健康发育，但是我们要知道，每个人都可能有一种科学无法解释，自身也难以控制，旁人完全不能理解的癖好，有的人可能是怕蟑螂，有的人可能是讨厌放烟花，有人受不了葱姜蒜之类的调味物品，张雪的孩子就是不喜欢"有怪味"的猕猴桃。

这种小范围的挑食很难说有什么危害，因为它所含营养的种类和数量完全可以从其他途径补充代替，并不是非它不可。把矛盾根源纠结在这上面，为此不断争吵甚至影响母子之间的关系，的确不值得。

很多时候，我们能够找到所谓的"最好"。但是这个"最好"也许并不适合我们的孩子，那么它就不是最好。强迫孩子接受我们挑选的"最好"，而不去寻找其替代方式，甚至在孩子找到合理解决问题的途径时依旧执著于我们的"最好"，这到底是给孩子最好，还是为了满足我们自己的某种心理。

孩子的成长过程中会有很多偏差，但是我们也要注意自己是否是在打着为了孩子的名义满足我们自己呢？没有危害的偏食挑食，是不是就真的那么可怕，猕猴桃就真的不可替代吗？矛盾发生了，问题出在哪？本应亲密的两个人为什么非要争吵？究竟是在给孩子最好，还是为了自己权威的实现找个理由呢？张雪和我们，都需要深思。

第二章　美丽母亲

　　孩子是母亲的一切，为了让孩子获得最好的生活，有最好的未来，每个母亲都愿意竭尽所能，付出全部也在所不惜。
　　然而需要牺牲来成就的爱，本身就是不健康的情感，带着阴影的奉献，未必会带给孩子幸福，沉重的亲情十字架，也许会扭曲孩子的人生，错误的开始，最终定会招来恶果。
　　孩子的幸福，并不需要母亲做祭品。
　　沟通和理解，一切都可以变得简单。
　　所以我们说：母亲，一样可以美丽。

寻找出色主妇的助理

生孩子之后，刘可再也不抱怨一个人待在家里无聊，时间不好打发了。每天早上一睁眼，就有一大堆的事情等着她去做。

烧水冲奶粉，给孩子做营养早饭，买新鲜果蔬，打扫卫生，用专门的洗涤剂洗孩子的衣服，哄孩子，放音乐和朗诵英文带给孩子听，上网搜索各种育儿信息，喂奶，整理奶瓶，买尿不湿……不到晚上丈夫回来帮一把，她简直连上厕所都要小跑。

这种生活让原来是娇小姐的刘可难以承受，可是为了孩子，付出再多她也愿意。但是让她愤愤不平甚至有点委屈的是，孩子似乎对丈夫更亲，一见他下班回家就咯咯笑，伸手要他抱，而自己却没有这份待遇。

这天周末，孩子竟然响亮地叫了一声"爸"，然后"爸爸，爸爸"地叫个不停。可是无论夫妻俩怎么哄怎么教，孩子就是不肯叫一声"妈"。

忙乎了好一阵子后，刘可突然跑到阳台哭起来，怎么劝也不停。为什么明明自己付出得最多，做得最多，原来的纤纤玉手已经布满了水泡老茧，偏偏孩子连一声妈妈都不肯叫呢。

出色妈妈课堂

这并不是孩子的错，虽然刘可的爱子之心日月可鉴，为孩子做那么多事情，可是孩子并不是成年人，他无法从刘可的忙碌中看出妈妈对自己爱，而他唯一能感受到的示爱方式——更多时间陪伴，更多笑脸的陪伴，这却是繁忙的刘可难以保证的。

尽管刘可时时刻刻都在为孩子做事，但是过多的家务占据了她的时间，使永远显得匆匆忙忙的她无法长时间地陪伴孩子，被家务累得精疲力竭的她在陪伴孩子的时候也常常烦躁不安或者疲倦。这种情绪传达给孩子，孩子得到的信息就是刘可不够喜欢自己。

而刘可丈夫下班后陪伴孩子，无论时间还是心情都比较稳定，自然更得孩子喜欢。

爱是一种付出，但是如果付出的方式是对方不能理解和接受的方式的话，那么爱的传达就会大打折扣。在经济能力允许的情况下，刘可不妨将一些家务外包给保姆和相关专业人士处理，赢得更好的心情，也赢得更多的亲子时间。

课堂笔记

照料新生儿，主妇可以向下列人士寻求帮助。

（1）钟点工。受雇于某家庭，主要从事固定种类的零星家务劳动，雇主不提供食宿，按工作时间收取报酬的家政人员。

（2）保姆。具有丰富经验，专为人照管儿童或从事家务劳动的中青年妇女。

（3）月嫂。经过专业培训，具有早教、育婴、生理、营养等方面知识，集保姆、护士、厨师、保育员的工作内容于一体，负责护理产妇与新生儿的高素质高级家政人员。

（4）育婴顾问。为新生儿家庭提供咨询服务，能够制订完善的育婴计划，具有丰富育婴知识的专业人士。

孤军作战不可取

十月怀胎，一朝分娩，夏华对孩子的爱简直不能用语言述说，凡事一定要亲力亲为，别人做了一点，她要不觉得是对孩子不好，要不就是觉得是要抢走自己的心肝宝贝。

爷爷奶奶来看孩子，刚抱起孩子转了两圈，夏华就跑来抢过去："小心小心，别摔着宝宝了。"

外公外婆来看孩子，摇着摇铃逗得孩子咯咯笑，引得孩子伸手要抓摇铃，夏华在一边皱眉："别闹了，一会儿激动了出了汗容易感冒。"

朋友们来看孩子，刚说句："多可爱的孩子，我要是也生个这么漂亮的宝宝就好了。"夏华马上一脸紧张："这可是我家宝宝，你别打主意啊。"

至于有朋友提出要做孩子的干妈，夏华更是拉下了脸："孩子就我一个妈妈，没别的。我辛辛苦苦生下来的，是我肚子里的肉，当然只叫我一个人妈妈，谁也别抢。"一番话听得朋友们悄悄咋舌。

最离谱的是，夏华和丈夫也要分个高低，时不时就问刚学会说话的孩子："妈妈好还是爸爸好？""妈妈和爸爸，宝宝更喜欢哪一个？""妈妈对宝宝最好了，比所有人都好，是不是？"

孩子长大了些，自然是和夏华亲得不得了。可是夏华还不满足，总爱吃醋，还直接表达自己的不满："你那么喜欢学校老师，是不是他比妈妈还好，你是不是不喜欢妈妈了？"

"妈妈对我最好，我最喜欢妈妈。"

听见孩子这么回答，夏华安心了。可是她没发现，孩子好像不太关心其他人，也没听说有什么特别亲密的小伙伴。母子两形成了一个小小的世界，风雨不透，外面的人进不来，里面的人也出不去。

出色妈妈课堂

从怀胎到分娩，女性为孩子所受的苦难以尽述。骨中骨肉中肉的感觉也赋予了母亲和孩子特殊的情感联系。但这并不应成为母亲独占孩子感情的理由。

夏华因为太爱孩子而希望独占孩子的爱，本身就是一种病态。在这种偏激的情绪下，她为自己和孩子画了一个圈，隔绝了孩子和外界的感情交流。在这种生长环境中，孩子又怎能有足够的社交生活，怎么能拥有健全的人格呢？

因为缺乏和其他人进行感情交流的机会，孩子只能得到母亲单一的爱，尽管数量很多，品种却是单一的，无法满足孩子成长的各种感情需要。长期的情感缺失使得孩子也无法意识到自己需要其他感情，他只会进行单一的情感交流，逐渐养成冷漠自私的性格，长大后难以在社会立足。

让更多的人来爱孩子有什么不好呢？出色的主妇应该有这份自信，不要担心孩子获得更多的爱之后会忽视自己的那份爱，其实越多种类的爱越会使孩子生活更好，心态更健康，更有自信。只有想通这一点，才可以打破独占孩子的爱的病态心理，为自己和孩子迎来更广阔的人生。

课堂笔记：母亲无法给予的四种爱

（1）父性之爱。母亲永远无法代替父亲的角色，男性的阳刚之爱会给予女儿以安全感，给儿子以自豪和梦想。

（2）朋友之爱。平辈朋友之间志趣相投的感觉是再开明的母亲都难以给予的。一个好朋友有可能影响孩子的一生。

（3）师长之爱。对于自己所尊敬人的敬爱，以及得到他们欣赏的欢乐振奋，对于孩子的成长有着重要意义。

（4）男女之爱。男女之情是人们与生俱来的情感，与无私的母爱截然不同却同样浓烈而不可抵御。

可怕的"妈妈牌祥林嫂"

参加同学生日聚会,是林悦生产之后的第一次社交活动。近两年没有参与姐妹间聚会的她兴冲冲地打扮着自己,脱下带着奶腥味的邋遢家居服,涂上唇彩眼影,穿上高跟鞋,她觉得全身上下焕然一新,比自己以往任何时候都漂亮。

然而这份快乐很快便消失无踪,从同学开门时惊呼"天啊,林悦你怎么这么胖了,差点认不出你"开始,几乎每个参加聚会的人都说她变胖了。她尚未消散的妊娠纹和蝴蝶斑也成为大家的话题,虽然本意是关心,曾是姐妹淘中漂亮宝贝的林悦却觉得有些伤自尊。

自怀孕开始,林悦就把生活的重心放在了孩子身上,对时尚潮流咨询不再关心。大家谈起相关话题的时候,她也有无从插嘴之感。

"今年流行戴彩金,你怎么不买一串?"有同学随口问林悦,林悦愣了一下,她哪里关心过今年戴什么呢?

"林悦要带孩子,戴首饰多不方便,不小心划着孩子怎么办?"有同学解围。这下林悦像是找到了问题的根本,连声回答:"就是就是,就是为了孩子我才不戴首饰的。"

之后"为了孩子"这四个字成了林悦的口头禅:变胖了,为了孩子;和外界脱节,为了孩子;不修边幅,为了孩子;累得筋疲力尽脾气暴躁,为了孩子……后来她甚至主动出击,爱拉着亲友诉苦,开头永远是"你知不知道,为了孩子,我可是惨了……"带孩子的时候她甚至也自言自语:"妈妈生了你可是倒了大霉,变成这个样子,你可要乖乖的……"

反正在林悦嘴里,生活中的一切不如意,她的一切缺点,都是为了孩子。亲友们在背后给她取了个外号:妈妈牌祥林嫂。

出色妈妈课堂

女性在生育和养育孩子的过程中付出良多,这是值得人们敬佩的,母爱之所以伟大，就是因为这份无私的付出。

但是当女性遭遇到身份转变的困惑和为人母后的种种压力时，如果不能及时采取正确的面对方式来平衡心态，她们就会希望找到借口来掩饰自己受伤的自尊。害怕自己在社会、家庭中的地位动摇，担心夫妻关系因此受到影响，她们往往会用一再讲述自己付出的行为来提醒身边的人自己是如何伟大，从"付出—敬佩—巩固地位"的思维模式中获取安全感。

案例中的林悦就是这样的典型，但是这种行为一旦超出一定的限度，就成为一种病态，不但会使自己成为亲友中的笑柄，也会对丈夫和家人产生反效果。而对孩子来说，长期接受"自己的来到是一切烦恼和祸害的根源"这种信息，会使他有沉重的负罪感，甚至产生自卑及自暴自弃的心理，不利于孩子的健康成长。

因此，摆正心态、积极改变不如意的现状，而不是把孩子当成挡箭牌而沉溺在自己牺牲和奉献的伟大情操中不能自拔。

课堂笔记：出色妈妈禁语

种类	说明	句式举例
犯罪假设句	将所有坏事的根源归结在孩子头上，增加了孩子的负罪感	要不是为了你，我怎么会……
牺牲列举句	不顾事实地把所有行动的动机归结为孩子，强调自己的无私与伟大	就是为了你，我才……
报恩祈使句	强调自己的付出和希望得到的收获，母爱顿时成为施恩	我为了你牺牲了这么多，你以后一定要……
矛盾辩解句	和别人发生争执时，把孩子当成挡箭牌，企图以此占据道德制高点	我这不都是为了孩子吗
情感挟持句	以我对你好，你就该听我的逻辑为基础，企图以自己的牺牲换来孩子无条件服从	我为你做了这么多，你连……都不肯吗
正误因果句	混淆出发点的好坏和问题处理方式的正误，以此抢夺事情的决定权	我哪件事情不是为你做的，这件事听我的

看看孩子以外的世界

从打算生孩子那一天起,各种育儿经就成了田娜的案头宝,成天叨念几乎到了倒背如流的程度。等到生了个可爱的宝宝后,田娜就干脆变成了孩子的卫星。卫星绕着地球转,田娜绕着孩子转,样样话题都离不开衣食住行。

可让田娜有些伤心的是孩子却不太爱和自己聊天,每次都是自己说上一大堆,然后孩子的回答不超过三个字。

"前几天立秋了,天气转凉了。别看白天太阳还那么大,其实早晚温度挺低的。你从小啥病不得就容易感冒,要注意身体啊。我给你拿出来的衣服都要穿上,别贪凉快穿少了。在学校安分点,别乱跑乱跳的出一声汗,小心热伤风感冒。"

"哦。"

"今晚的菜好吃不好吃啊,我做了你最喜欢的辣子鸡。今天去买菜没什么好运气,就这鸡还不错,你尝尝好吃不好吃?我放了点糖没那么辣,上次你不是说辣吗?这次的不辣了吧?"

"嗯。"

"最近学习忙不忙啊?功课紧不紧?老师讲的都能听懂吧?要是老师讲的不懂,课后一定要找老师问清楚,别做哑巴吃亏知道吗?学习可重要了,一定要好好学。有什么不懂的问同学也行。你和同学关系还好吧?有没有人欺负你?"

"没事。"儿子不耐烦地打断田娜的话。

田娜向丈夫抱怨儿子和自己话少,丈夫也教育儿子注意这个问题。可是儿子耸耸肩膀:"不是我故意不和妈妈聊天,是没法聊啊。每次都是那些东西,车轱辘话翻来覆去,我就是想说也没什么可说的。"

"你和我不是挺多说的吗,和你妈妈也聊这些不就成了?"

儿子叹了口气:"妈妈知道CPU?知道海外局势?知道世界杯?我看她最多就知道附近超市打折不打折吧。"

出色妈妈课堂

孩子是母亲身上落下的一块肉,这是比喻也是事实。孩子呱呱坠地后,无论从母亲的感情上,还是从孩子的生理需要上,都注定了孩子将成为生活的重心。

然而重心不等于全部,将所有注意力放在孩子身上往往会造成母亲封闭自己的生活,和社会脱节。

许多母亲会抱怨孩子不愿和自己交流,但是有没有想过,除了衣食住行,和孩子还有什么可谈的话题吗?如果连自己都找不出什么可谈的,那么又怎能怪孩子不和自己聊天呢。

生活是丰富的,孩子更是处于好奇心强烈的年龄,不愿也不能将所有注意力放在母亲身上。如果做母亲的和社会脱节,自然难以和孩子拥有许多共同话题,甚至会被大量吸收信息的孩子鄙视。

要想成为孩子的密友,共同话题不可少。想要得到孩子的尊重,比他懂得更多也是不错的方法。努力提升自己,不要让孩子成为禁锢自己思想的枷锁,你自然会成为孩子眼中的出色妈妈。

课后作业:做孩子眼里的出色妈妈

(1)阅读报纸或者网络新闻,哪怕只是标题。至少该知道最近社会又发生了什么事情。

(2)尝试学习一样新事物,唤起对生活的热情。爱好和特长都会使自己更有魅力,成为一个丰富的女人。

(3)试着在某方面成为专家。别人的尊敬会使孩子更加尊敬你。

(4)了解时下的潮流,哪怕不理解也未必喜欢。让孩子感到你们的代沟并没有想象的深。

(5)积极对事物发表见解,不要把言谈限制在生活琐事上。孩子会发现原以为只知柴米油盐的妈妈也如此有见识。

最真实的养成游戏

小白是个游戏高手，在学生时代就玩过模拟人生和爱心宝宝之类的游戏，所以对于养育宝宝这种事，小白觉得自己是很有把握做好的。

加上她博览群书，口才又好，育儿经说起来头头是道，有时候连孩子都已上学的朋友都要对未婚的她的长篇大论频频点头。

可是等到小白自己有了孩子，她才发现养育宝宝并不像电脑中养成游戏那样简单，因为他无法控制自己的情绪。

在电脑里，小白的做法堪称模范。孩子和小猫追打嬉戏打碎了好多碗碟，小白绝不动怒，只需点击一下"教育"，担任妈妈的游戏人物就会对孩子好好教育，孩子就变得更加懂事，母子之间的感情得到提升。

除了教育，游戏里还有"批评""惩罚""责骂""体罚"之类的选项，但小白才不会选呢。要知道这些选项就算教育有效，母子间的感情度也会受到影响，结局的时候分数就不高了。

可是现实生活中哪能做到这么冷静理智。这天小白听见客厅里"啪"的一声，跑出来看时，女儿装热牛奶的杯子已经掉在了地毯上。

女儿一脸无辜地说："我不是有意的，杯子上有水，我手滑了一下。"

小白也知道不该怪女儿，杯子上有水手滑这种事谁都会遇上，女儿并不是有意顽皮弄脏地毯的。别说责备，就是重一点的语气都不应该，甚至应该安慰一下有些害怕自己责罚的女儿呢。

可是这张地毯是小白最心爱的，是当初丈夫千里迢迢从拉萨背回来的，算得上是结婚纪念品呢。眼看着白色的牛奶浸润到地毯中也不知能不能洗掉，小白心里就是一阵烦躁，出口自然重了："多大的人了，还这么不小心。你看看地毯弄成了什么样子！"

"妈妈，我真的不是故意的。"女儿怯生生地解释。

小白觉得这是顶嘴，更烦了："故意，谁说你是故意了？我说你是粗心。姑娘家的，这么粗心大意，不知道怎么回事……"女儿眼睛一红，委屈地低下头。

等小白心情平静后自然是万分懊悔，这一下，自己的"得分"肯定变低了，多几次这样的事也许就算不上好妈妈了呢。

出色妈妈课堂

孩子需要父母公正公平地对待，需要前后一致而不是时时刻刻变化的标准。标准越稳定，他们越能最快学会什么是对，什么是错，当家长不按既有的规则行事时，他们则会委屈愤怒，对家长产生不信任的感觉，进而影响亲情。

然而人不是机器，自然会受各种情绪的困扰，不能像游戏一样设定了标准就能按照标准行动。有时候明知道自己应该怎么做，但是情绪冲动下往往会走一条不理智的道路，就有可能伤害到孩子幼小的心灵。

虽然可以通过锻炼加强对自己的情绪控制，但是人是感情动物，毕竟不能做到完全超然物外不受自身情绪的影响。那么为了把对孩子教育的影响减少到最低，最好的办法就是事后积极弥补。

坦然对孩子承认之前因为情绪而对他不公平的错误，请求孩子原谅，越诚恳的态度越能得到孩子的谅解。不必担心这种行为会降低自己在孩子心目中的权威性，坦诚的举动反而会赢得孩子发出内心的尊重。

同时可以教导孩子理解情绪这一现象，告诉他标准不是一定的而是受很多因素影响的，加强他对世界的理解、接受能力和应变能力，这对孩子的成长也很有好处。

爱是一种加成

包丽丽的丈夫风度翩翩，年纪轻轻就事业有成，加上待人热情、幽默健谈，单身时不知是多少女子倾慕的对象，连结婚后还时不时接到一打秋波。

不过他对包丽丽一往情深，所以包丽丽从来不怕他在外拈花惹草，有时候连丈夫都对包丽丽的大度感到不满："你也太不在乎我了吧。"

不过包丽丽最近吃足了醋，动不动心里就泛酸。而且这嫉妒的对象还让她难以启齿——四岁的小女儿。

以前包丽丽是丈夫手上的宝，心尖的肉，什么时候排过第二？可是如今，买吃的丈夫先想着女儿爱不爱吃，穿衣服先考虑女儿今天穿这些会不会冷，回家先抱着女儿旋上两圈，出差打电话回家和包丽丽说不了两句就要女儿听电话，然后父女俩嘻嘻哈哈说个不停，好容易拿回听筒就只听见吩咐自己记得这样那样别冻着饿着女儿，半句甜言蜜语都没有。

包丽丽知道自己这种情绪简直有病——那可是自己的孩子，自己的宝贝女儿啊，可是每次看见丈夫眼里满是对女儿的宠溺而没有自己半分影子，她就止不住地嫉妒，心酸酸的像泡在陈年醋缸里一样。

这股醋劲成了包丽丽和女儿矛盾的症结。平时包丽丽也挺宠女儿的，可是只要醋劲一上来，包丽丽就忍不住对女儿挑起了毛病，看不惯这，看不惯那，哪怕什么毛病没有也要鸡蛋里边挑骨头地找出点事情说说，有时候简直是欲加之罪，何患无辞。

女儿受不了包丽丽这副横挑鼻子竖挑眼的德行，当然免不了争吵。大吵大闹大哭之余，女儿甚至有了这样的疑问：我是妈妈的亲生女儿吗？为什么待我像后娘一样呢？

出色妈妈课堂

生育之后，女性在容貌上多半有巨大的变化，往往会产生一定的负面情绪；

怀孕时被当做宝，生育后家庭的重心落在孩子上，会产生心理落差；加上社会上诸多对于这个时期婚外情的报道，不少女性难免对夫妻感情产生怀疑，下意识地寻找着假想敌。此时，首当其冲的，有可能就是享受丈夫最多爱宠和关注的人——自己的孩子。

文中包丽丽吃女儿醋就是典型例子，实际上这是不满丈夫关爱不够的心理投射。只要包丽丽的丈夫让她感受到足够的关爱，她就能重拾自信，吃女儿醋就会不治而愈。另一方面，包丽丽则需要端正自己的心态，认识到丈夫对自己的爱和对孩子的爱性质截然不同，彼此之间无法取代，更不是你多我少的关系。孩子的出生并没有夺走丈夫属于自己的爱，而是为家庭增加了一种新型的爱，是爱的加成而不是爱的调整，在这个过程中整个家庭拥有了更多的爱，将会更加幸福。

这种病态情绪虽然治愈简单，但是很多人往往把它视作孩子气，甚至打出"我怕你把孩子惯坏了"的旗号来掩饰自己的私心，对孩子过分严格要求甚至无理取闹，造成母子之间感情的裂痕。所以一旦发现这种情绪的苗头，需要及早调整自己的心态，并且引导丈夫进行配合治疗。

课后作业：好妻子也是好妈妈

（1）正视自己的吃醋心态，明确要改正的态度。

（2）看见丈夫和孩子欢乐的场面，主动加入他们的队伍。

（3）和丈夫分享育儿心得，重温志趣相投的感觉。

（4）加强自己和孩子的联系，在丈夫眼中成为一个整体，使他不会因为关注孩子而忽视自己。

（5）在孩子面前强调"爸爸妈妈"这一整体概念而不是单一的"爸爸"或"妈妈"。

（6）引发自己的母爱，学会享受丈夫宠爱孩子的场景。

（7）站在孩子一边和丈夫逗趣，感受来自"战友"的温暖和乐趣。

（8）经常安排三人外出游玩，尝试和二人行不一样的快乐幸福。

主妇也可以很美丽

如果说生孩子前的田艳是只叽叽喳喳羽毛艳丽的蜂鸟，那么生孩子后就是朴朴素素任劳任怨的老黄牛，变化之大实在让人吃惊。

可田艳一直没觉得自己有哪做得不对，都是做妈妈的人了，还穿得那么花枝招展的和小姑娘比时髦，真是笑死人了。有那个钱，还不如给儿子买点好吃的呢。

可是那天田艳伤心了，因为儿子死活不让自己去幼儿园参加家长会，扭扭捏捏半天说出的原因竟然是：妈妈这么丑，别人的妈妈都好漂亮，我觉得好丢脸。

有道是子不嫌母丑，儿子竟然说出这种话，田艳冲动之下甩了儿子一耳光，儿子号啕大哭，田艳也泪水涟涟地望向丈夫，希望他教育一下儿子。想不到丈夫竟然站在儿子一边吼自己："你打孩子干吗，他说错了吗？你不看看自己那个样子，有气别冲孩子发。"

自己真的那么不堪？情绪平静些后田艳跑到镜子前面端详自己，一看不知道，再看吓一跳。连田艳自己都不敢相信，镜中那个把枯黄干燥的头发随便扎起来，脸色蜡黄，细褶横生的中年妇女，这哪是当初校园里有名的"小甜甜""小艳艳"。

再看那身衣服，五六年前丈夫买了嫌小没穿自己拿来平时做家务时穿，不知多久没洗了，斑斑点点都是污渍，仿佛是一部家务秘史的标签。阔腿裤看不出半点腰身，当然也就谈不上什么身材了，浑圆的身板不见半点轻盈。有洞的白色袜子坦荡荡地露在外边，衬着大红毛拖鞋显得特别刺眼。

看着镜中那个邋遢妇女，想着儿子和丈夫刺心的话，田艳觉得一阵绝望袭来。

出色妈妈课堂

对自己外表的重视，并不是所谓的臭美，而是健康心态的外显。出色主妇，不只要注意内在修养的提升，也应该重视自己外在是否得体大方。

根据调查，注重对自己修饰的女性比起不重视外表装扮的女性，身体更健康，人生态度更加积极，生活也更为幸福。注重修饰的女性懂得宠爱自己，而健康的体态和美好的外表则给了她们更多的信心，使她们散发出自信的魅力，从生活中得到的反馈也更好，进而良性循环。而放任自己，则是不够热爱生活的表现，生活质量难以提高，对自己的忽视造成别人对自己的轻视，会遇到更多的不愉快。

而对孩子来说，希望有一个漂亮的妈妈并不是一味追求外表的虚荣。孩子观察和理解事物能力远较成年人逊色，内在美较为虚幻，孩子是难以理解和感受的，而外在美则相对直观得多，所以孩子更容易注意到外在美。

一个漂亮的妈妈会使孩子更加自豪，也会潜移默化让孩子展开对美的追求，使他更加热爱生命。而不太注重自己外表的母亲有可能就会像田艳一样，使孩子为此产生自卑感，觉得在同学面前丢脸，同时自己忽略生活细节、不够积极的生活态度对孩子的心理成长也会造成一定程度的负面影响。

随堂测试：你成了黄脸婆吗？

（1）现在的体重与怀孕前的体重相差多少？

A. 20斤以上

B. 5～15斤

C. 5斤以下

（2）生孩子之后，买过几件新衣服（非内衣）？

A. 没买过

B. 1～3件

C. 3件以上

（3）生孩子后化妆吗？

A. 经常化

B. 有时

C. 基本不

（4）生孩子后，平均一个月看几本时尚类杂志？

A. 3本以上

B. 1～3本

C. 不看

（5）起床之后，一定会换掉睡衣吗？

A. 是的

B. 有时候不换

C. 一般不换

（6）居家穿的衣服是否能直接穿着外出？

A. 不能

B. 不知道

C. 能

以上题目选 A 得 0 分，选 B 得 1 分，选 C 得 2 分

得分	答案
0～4	离黄脸婆还有很长的距离，基本上不必担心这个问题。生育并没有造成太大的影响，并不会因为孩子而放弃自我。是个有智慧的女人，未来会非常美好
5～8	虽然还不算黄脸婆，但有向黄脸婆发展的趋势。生育打乱了生活脚步，常常有力不从心的感觉，所以分不出更多的时间和心情给自己。加油，相信会处理得更好
9～12	真糟糕，已经可以称得上黄脸婆了。生育之后，生活重心完全转移到了孩子身上，几乎没有关注过自己，生活质量正在下降之中。打起精神来吧，爱自己的女人才会得到别人的爱

完整的人生更出色

母亲爱孩子,这是人的天性,可是儿子偏偏就要齐敏说出个一二三四来。

"妈妈,你爱我吗?"儿子跑来问。

齐敏笑了:"当然爱啦,妈妈最爱宝宝。"

"为什么呢?"儿子睁大了眼睛看着齐敏。

"傻孩子,这哪有什么为什么。你是妈妈的孩子,妈妈就爱你呀。"齐敏摸着儿子的头,觉得儿子很可爱。

"这不算,我要理由。"儿子急了。原来这是学校的作业,要孩子回家记录妈妈爱自己的理由,看看谁是最值得爱的好孩子。

学校的本意是敦促孩子们多帮家长干家务,多体谅爸爸妈妈,可是齐敏遇上了钻牛角尖的孩子,这个问题还真成了难题。

因为他学习好?儿子说班里有比他成绩好的,为什么妈妈不爱那些同学?

因为儿子做家务?儿子摇头,说那妈妈应该爱每周来家里的钟点工阿姨。

因为儿子长得漂亮,那电影明星怎么办?

因为儿子聪明,那诺贝尔奖得主怎么办?

儿子拉长了小脸,闷闷不乐:难道我就不值得妈妈喜欢吗?连一个理由都找不出来。

齐敏也犯愁了:怎么才能让儿子恢复自信呢?

齐敏问自己的妈妈同样的问题,不想这个问题被妈妈轻松解决了。

她说:"你带给了我快乐,让我的生命变得完整。"

环顾四周,处处都有齐敏小时候的印记。那边的相框,是齐敏参加作文竞赛的奖品;这边的木偶,是齐敏自己做的手工;墙上的小丑是齐敏当初画的"林妹妹";阳台上至今放着几块砖,是齐敏想要成为建筑师,自己搭建房子的证据。

翻开相册,更是翻开了记忆,一页一页,当初的小女孩已为人母。齐敏的母亲告诉齐敏自己当初是不慎怀孕,甚至想过不要这个孩子,因为怕痛才没做手术，但是现在她很庆幸自己的决定。没有齐敏，自己无法拥有这么多快乐的回忆，无法拥有将那么一个小肉团养成现在这个如花似玉姑娘的成就感，无法体验那种人生重来一次的奇妙感觉，无法在年老的时候有那么多东西可供追寻。

齐敏的母亲还告诉齐敏，当初她十分叛逆，一度和齐敏的外婆关系闹得很僵。正是由于自己也有了孩子，她才开始体会到为人母者的种种苦心，才开始了解当初齐敏外婆的想法，两人的关系才得以和解。

没有孩子，这一生或许很轻松，但未必完整。感受生命因自己而延续，感受全心全意付出的一种爱，是身为女人的权利和荣耀。有了这段经历，女人才成为承上启下的生命枢纽，集多重角色于一身的经历使她感悟到许多之前感悟不到的东西，人生才会在此完成最后一次蜕变，走向成熟和智慧。

齐敏想，儿子应该会满意这个答案。

出色妈妈课堂

孩子需要肯定，尤其是在父母面前从来都是弱势者的他，如果能发现自己竟然能帮助一向都是为自己排忧解困的万能母亲认识人生，使母亲变成更加成熟，那么对他来说将是无上的荣誉和鼓励。

同时，认识并且告诉孩子他在母亲生命中的地位和作用，会让他意识到自己对于母亲的重要意义。这重新的身份会促使他认识自己的角色，承担起更多的责任，在母子关系中由一个"受"的角色主动向"施"的角色进行变化。

这重变化不但使孩子更加成熟，也将使你们的交流更加紧密深入，使你们的感情上升到一个新的层次。

课后作业：感受孩子的成长

（1）每天在固定的时间和地点为孩子照相，感受孩子成长的速度。

（2）定期在固定的地方给孩子量身高并且做上记号，看看他长得有多快。

（3）将小时候妈妈教给自己的儿歌、童谣教给孩子，感受时光倒流角色变化的感觉。

（4）带孩子去看妈妈，感受三人共聚一堂，自己双重身份的奇妙感觉。

（5）用脚印泥记录下孩子诞生后在这个世界上留下的第一个脚印。

（6）如果孩子说将来要娶你（嫁给你），答应他。

（7）录下孩子牙牙学语的声音。

（8）如果孩子做出让你幸福或者开心的事情，马上用专门的笔记本记录下来。

（9）孩子出生的时候种一棵小树，让他们一起成长。

Chapter2 成长篇

第三章 欢迎来到健康家庭

孩子是一张白纸，所有的一切都是后天的描画。

良好的环境给予孩子正面信息，让他能够在充足的精神养分环境下茁壮成长，脱颖而出。而本身就充塞着各种负面因素的家庭，谎言与虚荣、缺失的安全感、受挫的自尊心……都可能成为孩子不幸人生的源头。

只有健康的环境才能培育出健全的人格。与其担心孩子能否健康成长，不如努力做个出色妈妈，为孩子打造出一个健康的成长环境。

打造最安全的港湾

康珏夫妇是以前所谓"小皇帝"那一代人,自小被全家人捧在手心里长大,读书后踏入社会的时候狠吃了苦头,所以一心要用先进的教育理念来教导自己的孩子,以免重蹈覆辙。

关于西方的教育理念,最著名的例子就是小孩跌倒了,作者想要上前扶起来,孩子的父亲却阻止了他,说了一番自己跌倒就要自己爬起来的道理云云。

又有说洛克菲勒让孩子爬到高处,要孩子往下跳,骗他说自己会接着他,结果他并没有接,孩子狠狠地摔了一跤,这是为了教育孩子除了自己,别人哪怕是至亲都不能相信。

而日本的苦难教学法也颇有一点名气,比如让孩子冬天穿着单衣上学,酷暑天和雪天都进行长距离晨跑等。

看来为了培养孩子自立的精神,康珏夫妻不得不狠心。

于是孩子哭闹的时候,康珏夫妻咬着牙不管。

饿了?谁叫他不按时吃饭,不吃饱的?

睡觉怕黑要开灯,说有妖怪?迷信,要不得,不能纵容这种坏习惯。

在外受了委屈想要抱着妈妈哭?推开他,男子汉站直了,别趴下!

要奖励?当初的大奖只是为了激励你好好学习而已,学习好是学生的本分,还要什么奖励。

的确,在这种教育方式下,康珏的儿子非常独立,但是康珏夫妇却总觉得这种独立有点怪怪的,不是当初他们想要培养的那种成熟宽厚的独立,而且逐渐与父母疏离了。康珏时常觉得儿子看自己的眼光充满了不信任,那份所谓的独立似乎只是他躲避自己的外壳罢了。

出色妈妈课堂

一个出色的人必定拥有独立性格、独立生活和独立思考的能力。但对孩子独

立性的培养一旦矫枉过正，忽视了培训孩子的其他条件，例如年龄、环境、前后的铺垫解说等，往往会造成了另一个后果：孩子的安全感缺失。

孩子来到这个世界，大多数情况下都是由父母提供生存所需的一切，对母亲更是有着同体共生的亲密关系，因此他会将其视做了解这个世界最初也是最直接的渠道。他的呼吁得到呼应，他的需求得到满足，会感到自己受到保护，自己的生存得到保证，对这个世界才会有安全感。

婴儿期后这种表现会变得隐蔽，但是在孩子的成长过程中这种心理一直是延续的。如果只用欺骗、袖手旁观、艰苦锻炼等教育方式，而没有辅以足够的解释说明，孩子则很难理解父母的苦心，会觉得世界上最亲的人都不可信任，造成安全感缺失。这种不安全感不断累积，就会影响心理健康发展，出现像康珏夫妻的孩子那样自卑、对外界抱敌视态度以及亲情淡漠等情况。

—课堂笔记：出色孩子的5个"YES"和"NO"—

	YES	NO
父母出门	告诉孩子自己去干什么，过多久就会回来	怕孩子纠缠悄悄出门，孩子会因为莫名其妙不见了父母而茫然无措
孩子怕黑	为他开灯，解释黑暗并不可怕，那些想象中的怪兽不存在，慢慢打消他的顾虑	认为孩子的担心非常可笑，强制熄灯，这样会强化孩子的恐惧
吃碰到的东西	保证这些东西比乒乓球大并且卫生，然后让孩子用嘴来感受它们	严禁孩子用嘴触碰非食品类物品，截断了孩子对于世界最直观的认识方式，加重了孩子对周围环境的未知和恐惧
面对突然事故（如亲人死亡）	安慰孩子，解释死亡的意义，可以说一个善意的谎言	禁止他们哭泣，强制压抑对死亡的恐惧使得这种恐惧埋藏更深，影响成长
依恋母亲	拥抱他，听他唠叨，给予耐心和爱心	要求孩子过早独立，做出早熟的小大人样

最出色的演员

王丽和丈夫今年举行了结婚十三周年的庆典，在酒店大宴宾客，亲朋好友道贺之余不免疑惑：十三年，既不是整数，也不是特别吉利或者有意义的数字，为什么偏偏选在今年纪念呢？

对此王丽的解释是今年是阴云过去，值得庆贺的一年。

原来这几年王丽一家经历了不少风雨：丈夫创业失败欠了不少债，还因为与合伙人之间的一些纠纷差点惹上官司。金钱上的捉襟见肘，加上孩子出世后的压力，心情不好的两人经常为了一点事情就争吵起来，甚至有过离婚的念头。

现在终于雨过天晴了，丈夫的公司逐步走上正规，以前的麻烦也得到了圆满的解决，笼罩在小家庭上的阴云总算散开了。一起走过风雨的王丽夫妇越发觉得患难真情的可贵，两人感情比以前更好，于是决定举办这次纪念庆典。

说起当时的争吵，两人云淡风轻地自嘲着。有亲友拉过九岁的小女儿问："妈妈爸爸吵架的时候怕不怕？"不料小女儿却说爸爸妈妈从来没有吵过架。

这是怎么一回事？王丽笑着解释："我们的演技都快比得上奥斯卡影帝影后了。"

原来王丽夫妻在那段时间里虽然经常吵架，却从不在女儿面前争执。家里那么多麻烦事，但他们从不当着孩子讨论。只要孩子在场，他们从来都是和颜悦色地说话，脸上带着微笑，绝不会粗声恶气表现出不耐烦的态度。

哪怕是再心烦，再苦恼，在孩子面前他们都会隐去这些负面情绪，做最和蔼可亲的爸爸妈妈。所以虽然小家庭经历了风风雨雨，孩子明媚的笑容却没有沾染丝毫尘埃。

出色妈妈课堂

孩子的心灵是敏感的，虽然缺乏生活经历的他们难以理解那些让父母烦恼的具体事情，却能够从父母的言行中感受到父母的心情。父母的负面情绪，如烦躁、焦虑，会加重他们的不安情绪，影响心理的健康发展。

另外，孩子的人生观和家庭观并不是由学校老师教授的，而是在生活中一点一滴形成的。家庭是他们了解世界形成自己认知系统的第一站，父母则是他们的学习对象。科学家发现，如果童年时期目睹了过多的家庭纠纷、父母争吵，那么孩子长大后往往会不自觉地重复父母当年的作为，让家庭的不幸在新一代身上延续。这就是俗话所说的"在争吵中长大的孩子，会把争吵带入自己的家"。

王丽夫妇深明耳濡目染在教育中的重要性，所以尽管小家庭曾经历不少风波，他们还是坚持在孩子面前维持幸福稳定的现象，避免孩子因父母生活的不顺而受到不良影响。

孩子的镜子人生

陈佳是个新派女子,虽然赋闲在家,但日子并不清闲,今天到青藏高原看冰雪,明天到江南水乡品烟雨,一年倒有半年不在家中,即使生了孩子也兴致不减。

丈夫宠爱陈佳,对此没有什么怨言。倒是陈佳的母亲时常抱怨一年见不到女儿几次,连生日都未必能团聚,有几次代替陈佳出席聚会的是她从天南海北寄来的贺卡。

这天难得一家聚齐,大家逗陈佳的小女儿说话。问起她将来要做什么,女孩童言无忌,得意洋洋地说要做公主,嫁给王子,引得大家笑成一团。有人故意问只有外国才有王子,那么远你舍得离开妈妈吗?女孩连连点头,舍得舍得。又问你舍得妈妈,妈妈舍不得你怎么办?女孩回答说没关系,一年回来看妈妈一两次就好了。

之后,女儿的趣语又引起阵阵小高潮,陈佳却无心再参与其中,头脑里反反复复思考一个问题:是什么让女儿会毫不犹豫地回答说舍得离开自己,一年只回来看几次就好?是不是自己的教育出了问题?

出色妈妈课堂

问题正出在陈佳自己身上。孩子有着极强的模仿性,对未来生活的规模越不出现实生活给他的影响。陈佳女儿对未来的打算,实际上正是陈佳现在生活的写照。既然妈妈对外婆可以如此,那么她就觉得这样是对待妈妈的正确做法,并且毫不犹豫地宣之于口。

当孩子的无心之言引起我们的警惕时,我们的第一反应往往是忙着查找教育方式哪里出了问题。其实首先应该反省的是我们自己的言行,因为孩子就像一面镜子那样映照着我们的一切,他们所作所为都是通过观察父母的生活而模仿进行的,他们的错,就是我们自己的错。

同理，如果我们希望拥有和孩子亲密无间的关系，那么我们首先需要改善的是和自己父母的关系，以身作则当好榜样，言传身教如何做一个好女儿、好儿子。繁忙的现代生活冲淡了亲情的联系，童言无忌也许正为我们敲响亲情流失的警钟。

课后作业：孩子的标准让你更出色

对孩子提出要求的时候，对照自己的行为，看看这要求是不是如想象中的那样容易做到，自己是不是一个合格的子女。

对自己的父母说"谢谢"了吗？

记得自己父母的生日，并且献上祝福或礼物了吗？

经常给父母打电话或者常回家看看了吗？

给自己的父母写信吗？

把生活中发生的一切都告诉自己的父母了吗？

乐意接受父母所有的意见和安排吗？

愿意父母看自己的日记吗？

不要老是想当年

虽然知道学习成绩并不等于美好未来，高分也有可能是低能，但是谁又不希望自己的孩子是个好学生，门门功课一百分呢？可是偏偏侯宜的儿子似乎不是学习的材料，年纪尚小已经显现出疲沓懒散的样子，恐怕以后就是令老师、家长头痛的顽皮学生。

为了让孩子发奋，侯宜打算给他树立个正面榜样。这榜样不是别人，就是侯宜自己。虽然侯宜自己当初也并非名列前茅的好学生，但是当年的事情谁知道呢？于是她放心地在孩子面前吹嘘着："数学太简单了，妈妈当初数学成绩可是全班第一，连这个都学不好，你也太没出息了吧。""当年妈妈每次考试都是100分，有妈妈在，成绩再好的同学都只能是第二名。""你可真不像妈妈的儿子啊，妈妈才不会考这么点分数。"

一开始，这个法子还有些作用，儿子似乎的确努力了些，上课认真了，回家后也知道先做作业再玩，拿回来的成绩单也好看了不少，可孩子却没有得到意想中的表扬。

"怎么才第九名，妈妈以前每次都是第一名呢。"

"90分有什么可高兴的，妈妈的100分多得数都数不清。"

"今天老师表扬你了？妈妈那时候老师天天都要表扬呢。"

孩子脸上期盼的神色没了，取而代之的是由失望变为漠然，又由漠然转为厌烦。而侯宜的激励不但再也起不到作用，孩子甚至越来越不爱和她说话，母子之间有了明显的疏远。

出色妈妈课堂

孩子成长需要榜样，但榜样一旦成为不可超越的障碍，所有的激励就会转为压力，成为亲情不可承受之重。

一开始侯宜将自己描述成一个成绩优秀的学生对孩子的确起到了激励作用，

但是她没有,把激励维持在正确的范围里,而是超越了激励的"度",把自己塑造成一个孩子再怎么努力都无法超越的人。

对孩子来说,无论如何努力都无法超过母亲口中那个当年的自己,是对自己能力的否定,也是对自己付出的否定。这种否定会使得孩子丧失对自己的信心,也会使他们失去努力的激情。

事实上在侯宜不断进行"想当年"的回忆时,她情不自禁地将自己和孩子间的母子关系转化为一种竞争关系,激励变味成了对竞争对手的贬低和打击。没有人会喜欢被贬低的感觉,所以孩子对侯宜表现出排斥、疏远的态度,造成母子间亲情的缺失。

家庭让权威走开

听话的乖孩子自然是让妈妈得意的好宝贝,但是如果听话的代价是"怕",那未免有点得不偿失了。

从谈恋爱开始,尤婷就养成了称王称霸的习惯,男朋友必须理解的执行,不理解的也要执行。等到结婚,更是清官难断家务事,道理在这里统统失效,一切全看尤婷当时的心情。丈夫只有垂首低头喊一声"臣遵旨"的地位。

不想儿子却是家里的革命派,一点不尊重尤婷这个权威人士,时不时要提些让尤婷下不来台的问题。

这天尤婷在和面准备烙饼,儿子在一旁突然说:"妈妈你怎么用冷水和面呢?老师说要用温水,做出来的饼才好吃。"尤婷愣了一下,想不起究竟该用冷水还是温水,可是看着儿子在一旁不依不饶"妈妈错了,妈妈放错水了",她心头一阵恼怒烦躁,厉声说:"冷水就是冷水,怎么会用温水?我做了这么多年饭还不知道吗?"

早上叫儿子起床,尤婷教育好孩子要早睡早起。偏偏儿子话多,一连串地问:"那不早睡早起的就不是好孩子,是坏孩子对吗?猫头鹰就不早睡早起,可是老师说它是我们的朋友,那它是坏孩子吗?大灰狼要吃小白兔,大灰狼起得可早了,大灰狼是好孩子吗?"尤婷被念叨得晕头转向,不耐烦地打断儿子:"哪那么多话,听妈妈的话,早睡早起就是好孩子,扯什么猫头鹰和大灰狼。"

这样的事情还有不少,不过都被尤婷镇压了下去。孩子越来越乖,很少再有顶嘴多嘴的事情发生。不过尤婷却觉得孩子没那么亲近她了,有时候望向自己的眼神竟然是怕怕的。难道这就是拥有乖孩子的代价吗?尤婷百思不得其解。

出色妈妈课堂

孩子没有成型的世界观,他在他所接触的生活中寻找信息构建自己大脑中

的世界。但是当外界的标准一变再变,他就会茫然而无所适从。这时他需要更多的解释来平衡混乱的思维,但尤婷却出于习惯用自己的权威强行镇压这种感觉,既否定了孩子的求知欲,也打击了孩子的自尊心。内心受到伤害的孩子表现出来的服从和正常孩子所表现出的懂事是有差别的,但尤婷却忽略了两者的不同,把它们混为一谈。

标准只有一个

蔬菜好不好？好。

蔬菜该不该吃？该。

这个道理人人都明白，夏雪也明白，可是她从小就不喜欢吃蔬菜，哪怕现在已身为人母，还是见着饭桌上绿绿的东西就皱眉。

可是夏雪也知道蔬菜里丰富的维生素是好东西，更是孩子成长发育必不可少的元素，所以孩子不能不吃蔬菜。

偏偏孩子就和她一个脾气，天生就不爱吃蔬菜，每每都要左哄右骗才肯吃下去一点点，让夏雪看在眼里急在心里。

为了让孩子多吃蔬菜，夏雪订下规矩：每天饭桌上的蔬菜平均分倒每个人碗里，谁没吃完谁晚上就不准看电视。这招比较有效，为了看晚上的动画片，孩子乖乖地吃下去自己的那份。

可是陪太子读书从来就是个苦差事，夏雪对自己碗里的蔬菜非常头痛，总是想法拖延到最后一个离开饭桌，把蔬菜扔掉，或者找机会跑到厨房丢掉，反正不肯自己吃。

可是这天被孩子看到了自己没吃光碗里的蔬菜，偏偏晚上又有个夏雪特别喜欢的节目，夏雪违规了，没吃完蔬菜也大模大样地坐到沙发上看电视。这下孩子不依了，先是揪着夏雪不放，要惩罚妈妈，后来发现没人搭理他，干脆大哭了起来，不管夏雪和丈夫怎么解释这个节目很重要，怎么哄他明天给他买好吃的都无济于事。

之后好长一段时间,孩子都把夏雪叫做"骗子妈妈"，扭过头不愿意和她说话。夏雪非常沮丧，自己不过是看了一次电视，真的就那么严重吗？

出色妈妈课堂

经常失信的人不会成为别人眼中出色的人，所以我们在人际交往中要注重

一诺千金这个原则。但是对于自己的孩子,我们却会不自觉地放低标准。这个小小的疏忽很可能就使你和出色妈妈的头衔失之交臂。

孩子是最容易哄骗的,因为他们什么都不懂;孩子也是最不容易哄骗的,因为他们什么都不懂,所以他们头脑单纯,标准只有一个:你是不是违反了游戏规则?

在夏雪看来,自己不过就是看了一次电视,可是对孩子来说,则是妈妈说话不算数,自己遭受了不公平待遇却无法使违规的对方得到相应的惩罚,所以感觉特别委屈,并且对妈妈感到非常失望。

所以妈妈在和孩子相处的时候,不要以事情有轻重缓急作为说话不算话、自我开脱的借口,而要将其作为一种违背公平原则的行为,设身处地考虑孩子的感受。世界上孩子最亲近信赖的人都要让孩子感到失望委屈,这对孩子的心理影响会有多大,对母子间的感情影响会有多深呢?严以待人,宽以律己这种行为向来遭人鄙视,何况母子之间?后果严重,甚至可以导致母子间的信任危机和亲情危机,绝不可以疏忽大意。

孩子不是出气筒

齐娜是个很情绪化的女人，开心的时候恨不得飞上天，让世界上所有人都看见她的那阳光明媚的笑脸；烦恼的时候恨不得躲进坟墓里，反正再浓重的黑暗也不如她那黯然的心情。

这天齐娜和丈夫有些争执闹得不太愉快，心里正火呢，儿子拿着98分的成绩单跑来要她签字。98分其实是个不错的成绩，平时说不定齐娜会好好表扬一下儿子，可今天心情不好看什么不顺眼，儿子的笑容里也觉得满是骄傲自满，于是她严厉地批评了儿子一顿，弄得儿子好生委屈。

不久齐娜买东西抽奖中了二等奖，心情特别好。晚上到了儿子该上床的时间，儿子还想再看会儿电视，丈夫正苦口婆心地教育呢，齐娜来句："那么严干嘛，孩子贪玩不是挺正常的么？来来来，乖儿子到妈妈这来，妈妈抱着你看电视，不理爸爸。"那天晚上足足看了三个小时的电视。

第二天，儿子还想晚点睡，不料齐娜却因为发现昨天的奖品是个次品，正生气呢。看着儿子不肯上床睡觉大怒，呵斥着把儿子弄上床去，这一夜，儿子是哭着睡着的。

总之，齐娜总是由着自己的心情改变着家庭里大大小小的规则，让儿子无所适从，只能对齐娜敬而远之，以免那把无名火不知道什么时候就烧到了自己头上。

出色妈妈课堂

人都有情绪，人的行为受情绪影响，这无可厚非。但是万事皆有度，不能因为个人情绪的起伏而打破了应该保持的判断标准。

尤其是面对孩子时，如果不能持之以恒地使用一个统一的标准，由于孩子的心理调控能力和理解能力都不如成年人，那么他们很容易会把自己遭受待遇不同的责任扛在自己肩上，形成自卑心理，影响他们的成长。

真心说声"谢谢"

周泽是个笑起来没心没肺、爽直开朗的姑娘,可是虽然深受大家喜爱,她却一直为自己不够淑女的性格抱有遗憾,希望能够生个女儿,把她培养成最高贵优雅的公主。

天遂人愿,周泽果然喜得千金。于是公主培养大计拉开了序幕。

女儿会说话之后,首先被教授的自然是礼貌用语:你好、谢谢、请、对不起……周泽不厌其烦地教着,希望女儿尽快成为一个有礼貌的孩子。

一开始女儿学得很起劲,开口闭口都是礼貌用语。"妈妈,请你帮我倒杯水好吗?""谢谢妈妈!""妈妈早上好。"可是过了几天,女儿就不太起劲了,周泽十分奇怪。

这天周泽生日,亲朋好友聚集一堂,周泽的好姐妹除了给周泽送上礼物外,也给周泽的女儿准备了一份小礼物。周泽笑逐颜开,连连催促女儿说"谢谢"。可是女儿就是扭扭捏捏低着头不肯说。

周泽有些急了,又觉得有些没面子,催促的声音不由得大了一些,女儿"哇"的一声哭了出来:"妈妈都不说'谢谢',妈妈都不说'谢谢'。"

大家这才明白她死都不道谢的原因了:刚才周泽也收到了女儿送上的礼物,是一张自制的卡片,却没说"谢谢",小姑娘心里不乐意了。

周泽又好气又好笑:"一句谢谢呗,看你还记着,小气鬼。"

一位朋友却不同意周泽的说法:很多家长教育孩子要讲礼貌,却疏忽了自己对孩子的礼貌而更多地使用祈使句和命令句,要么认为和孩子之间不必那么客气,要么认为中国人向来是熟不拘礼,其实是潜意识里认为小孩子不需要自己彬彬有礼地对待,实质上是一种对小孩不够尊重的心态。这种家庭里缺乏平等的气氛,孩子会敏感地感受到自己没有得到足够的尊重,造成母子间感情沟通出现障碍。

那位朋友继续说道:"很多人认为那种母子之间都使用礼貌用语、敬语的家庭感情疏远，假模假式，事实上彼此平等尊重的家庭培养出的感情更加浓烈自然，子女受到的尊重越多，越能肯定自己的感情和意见，也更习惯表达自己对父母的爱。比起父母权威模式而失去尊重的家庭，这种家庭培养出的亲情更加健康。"

随堂测验 内心深处尊重孩子吗？

拿出一张白纸，在纸上画一棵树和一只鸟。对照下面的说明，看看自己是哪种妈妈。

鸟在天上飞，没有栖息在树上。说明受传统影响比较深，和孩子的相处模式基本上是和自己父母相处模式的翻版，和孩子的关系会比较亲密但比较难于表达彼此的感情，在潜意识中对他的尊重也比较有限。

鸟栖息在树上。说明对孩子有着较强的控制欲，因此虽然你们的关系可能非常亲密，他对你的依恋和你对他的关爱都惹人羡慕，但是一直把他当做一个事事需要你打点筹谋的小孩子，事实上根本不够尊重他的独立思维和人格。

鸟站在树下。说明受西方观点影响较多，能够重视孩子独立的人格和思维并予以足够的尊重。但是在母子关系中始终难以把握好度，经常出现误会和争吵，所以孩子也许认为对他做了太多的限制。

树比鸟小。说明对孩子非常宠爱，几乎是有求必应。这种行为已经不能用尊重与否来度量，但绝不是一个好现象，也许应该好好思考一下尊重的含义而不是一味溺爱。

永不消失的微笑

"伸手不打笑脸人"是一句老话。大家都知道微笑在人际交往中的重要性，在服务行业中，微笑甚至是一门必修课。但是与自己最亲的人，很多人却忽略了这一点。

孙勤就是这样一个不会对孩子微笑的母亲。

都是慈母严父，可由于丈夫工作太忙，教育孩子的重担都落在了孙勤一个人身上，由于担心自己的溺爱宠坏了孩子，孙勤一向是以态度严肃、要求严格、惩罚严厉的严母标准来要求自己。

在孙勤的教育下，儿子的确很乖，学习用功，听话有礼貌，但是总和她不够亲热。有时候看见别人家的儿子爬在母亲身上，扭来扭去撒娇，孙勤心里总有点莫名地羡慕。

这天儿子阴着脸回到家，递给孙勤一张试卷：85分。对于一向成绩在95分以上的儿子，这次考试的确是一场滑铁卢。

孙勤看着儿子沮丧的神色，想到儿子一贯地努力，觉得并不应该再批评他，于是对孩子说："没什么，考这个成绩很正常……"

本来孙勤想告诉孩子胜败乃兵家常事，一次失误不必挂心，不料话刚开头，竟然引来了孩子歇斯底里的嚷嚷："我知道我笨，我做不了好学生，我就是考不出好成绩。现在你高兴了，终于证明你一直瞧不起我，不喜欢我是对的，是不是……"

孙勤完全被孩子冲口而出的话弄糊涂了，她不知道是什么让儿子有了这些可怕的想法。看着儿子边哭边叫嚷的样子，她觉得又心痛又茫然。

出色妈妈课堂

微笑是一种奇妙的面部表情，它所传达的信息常常超过了语言。同样一句话，如果是带着微笑来说，那么说话方的善意将得到更好的表达；而冷着脸说同一句话，力度不但大打折扣，还有可能造成对方认为自己在讽刺、嘲笑等误会。

孙勤为了避免慈母多败儿，一直是铁面严母的形象，但是母子之间缺乏微笑调剂，则形成了种种矛盾：儿子误会她对自己不够关爱、认为她不喜欢他、对他没有信心等，而这些矛盾累积起来，在孙勤想安慰考试失败的儿子时却被儿子认为她在嘲讽自己，造成了母子间一次矛盾的爆发。

在人际交往中，我们多半会重视表达自己的善意来赢取对方的好感，但是在和孩子相处的时候，也需要注意用微笑来传达自己的情绪。一个微笑不会宠坏孩子，却能够正确地表达出自己对孩子的关心、信任、欣赏、鼓励和理解，成为母子间亲情的桥梁。

千金一诺不可废

学生上学的时候盼放假，放假了又盼开学。漫长的两个月暑假后，刘兰的女儿高高兴兴背着书包去了学校。

可是早上还笑容满面的女儿下午放学回家之后就一直闷闷不乐，刘兰连忙跑去询问原委。

原来刘兰女儿的同学暑假去了国外旅游，还拿出不少小玩意炫耀，引来大家的羡慕。同学越发得意，讲述着自己的见闻，不想一时疏忽说错了细节被刘兰的女儿指了出来。感觉丢了面子的同学不认错，反而讥笑刘兰的女儿吃不到葡萄说葡萄酸，不明真相的同学也跟着起哄，让刘兰的女儿感觉非常委屈。

刘兰安慰了女儿一番后，顺口说了句："下次暑假我们也去国外旅游。"女儿听后眼睛闪闪发亮。

这件事很快就被刘兰淡忘了，不料一年后女儿放假回家，第一句话竟然是："妈妈，今天开始放暑假了，我们什么时候去欧洲旅游？"

欧洲？旅游？刘兰完全不知道发生了什么事。等到脸色已经晴转多云的女儿说明了原委，刘兰才隐约想起当初自己为了安慰女儿似乎真有过这么一个承诺。

晚上，刘兰和丈夫合计着家里的财政状况，商量是不是抛售一些基金好换取现款带女儿旅游。丈夫有些不以为然，认为家里最近闲钱不多，没必要非做带女儿去欧洲旅游这种奢侈行为。

刘兰却坚持自己的意见："既然答应了就要做到，不然孩子该多失望？一个说话不算数的妈妈，又怎么能够赢得孩子的爱和尊重？这件事看起来虽然小，但关系着我这个当妈妈的在女儿心里的形象，关系着女儿以后能够能成为一个讲诚信的人，花多少钱都是应该的。"

随堂测验：你的诚信价值多少？

在森林里走，前面有间小木屋，觉得门应该是什么情况？

A. 门是紧闭的

B. 门是虚掩的

C. 门是敞开的

D. 根本就没有门

选 A 的人：对道德有着很强的判断力，并且能够以此作为自己的行为规范。对你来说诚信可谓做人的原则，很难想象要遇到怎样的困境才会挑战自己的底线。

选 B 的人：能够明辨是非，在大多数情况下能够坚守诚信。但是意志力稍显薄弱，所以在遇到诱惑的时候，会左右摇摆举棋不定，有可能为了利益放弃自己的原则。

选 C 的人：有着传统的道德观，但是随口许诺摆脱眼下的困境，事后又将当初的承诺抛在脑后是恶习之一。虽然自己未必是有意如此，但是潜意识里的确不太重视诚信的价值。

选 D 的人：有着独特的价值观，对于很多事情未必会遵守约定成俗的东西。但是在诚信这一点上却非常看重，一旦许诺必将尽力实现。

黑色，白色和灰色

孩子的眼里有两种人：好人和坏人。好人做好事，坏人做坏事，做好事的是好人，做坏事的是坏人，他们的世界就这么简单。

所以吴禾的儿子现在认为吴禾是个坏人。

那天吴禾正躺在沙发上看书，有电话找她。她猜是同学邀请参加同学会的事，这个同学最近开始卖保险，同学会变味成了推销会，吴禾不想去，于是示意丈夫说自己不在家，而且会很长一段时间不在家，不能去参加同学会。

丈夫对着电话"哼哼哈哈"地解释吴禾正和几个朋友去了外地旅游云云，挂了电话后两口子相视而笑，有一种恶作剧后的窃喜。不料五岁的儿子却嘟囔着走过来把吴禾买的玩具往他们面前一扔："我不要你们的东西，你们是坏人。"

吴禾和丈夫惊奇地互相看了看，问儿子："为什么说妈妈爸爸是坏人？"

原来儿子在平常吴禾的教育下，已经知道说谎是一件不好的事情，是坏事，而做坏事的就是坏人。如今亲眼见到妈妈叫爸爸说谎，自然就将他们划到坏人的范围内。

吴禾听了孩子的话，又好气又好笑，可也真犯了愁：要怎么跟孩子解释才能让孩子明白自己并不是坏人，做的也不算坏事呢？一个不注意，让孩子认为说谎事小，那之前的教育岂不是前功尽弃，以后儿子会不会变成一个喜欢说谎的小孩？

出色妈妈课堂

英文中把吴禾这种善意的谎言称为白色谎言，因为它巧妙地避免了人际交往中的尴尬，不让人下不来台又不至于为此损害了自己的利益。

但是从本质上来说，它又的确是一种谎言，于是在孩子非黑即白的世界中被划到了恶劣的谎言一边。

问题不是孩子的划分方法，而是孩子没有更多的选择。如果他明白除了黑白之外，世界上还有很多深深浅浅的灰色地带，那么处理事情就会容易得多。

虽然孩子也许暂时无法理解成人世界中的种种，但是及早进行这方面的教育，为自己的行为做出解释，却能够使孩子拥有除了黑白二分法之外的更多选择，避免他们背上"爸爸妈妈做坏事""爸爸妈妈是坏人"的心理压力，避免亲情因为孩子将父母划为黑色而自己要和黑色地带划清界限而遭到损害。

> **课堂笔记：孩子最常感到困惑的事**
>
> （1）父母说谎。生活中充满各种各样善意的谎言，甚至可以称得上是一种交际技巧，但是孩子却未必能理解这种行为背后的意义。
>
> （2）父母送礼。人情交际，甚至走后门在生活中也是屡见不鲜，甚至已经成为一种必需的交际手段，但是在孩子的认知中这却是错误的行为。
>
> （3）父母表现冷血。面对乞讨、摊派捐款等行为，父母表现出的抗拒排斥，在孩子看来可能就是一种冷血的行为，和他受到的真善美教育相冲突。
>
> （4）父母争吵。在孩子看来，好人和好人之间是不应该有矛盾的，最亲最好的两个人争吵会让他感到诧异和不可理解。
>
> （5）父母彼此隐瞒。有时候为了避免矛盾和误会夫妻间也会隐瞒一些事，但对孩子来说，隐瞒意味着错误和欺骗，是一种不应该出现在最亲近的两个人之间的行为。

发泄有方法

有人伤心的时候喜欢大醉一场，有人失意的时候习惯一个人流浪，有人不快乐就会洗澡、睡觉等待新的一天，而谭姝的做法则是在家大吵大叫，把所有的烦恼都随声音一起抛掉。

但是生孩子之后，谭姝却再也没有在家大吼大叫过。有熟知她性格的朋友开玩笑地说她做母亲后人也文静了，谭姝却笑着说自己还是老样子，只是换了地方发泄。

现代生活，家家有本难念的经，谁都有压力，谭姝自然不例外。产后的忧郁和繁忙，养育女儿的心酸和烦恼，经济、养老、社交……每一样都给谭姝带了不少困扰。可是再在家里喊叫，岂不是吓着孩子？

于是谭姝选择了KTV，要个小小的包厢，不唱歌，拿着话筒声嘶力竭地大叫，发泄心中所有的不满。有时候在家心情不好，也来不及出门，就乘电梯直接到天台顶上，对着天吼几声，平息一下胸中澎湃的情绪，再一脸平静地回到家里做个温柔可亲的好妈妈。

就这样，谭姝每每把自己坏脾气那一面藏起来，只要和孩子在一起，她永远那么有耐心，永远那么温柔。有人问这么麻烦有必要吗？就是吼两声，孩子习惯了就好了，谭姝望着孩子，眼里满是笑却不答话。

出色妈妈课堂

孩子远比我们想象的敏感，家庭里奇怪的气氛，父母和平时不一样的举止，都会引起他们的注意和猜疑。在孩子面前表露自己的负面情绪，很可能就会为孩子身心发展留下隐患。

每个人都有自己的习惯，习惯两个字并不是一块免责金牌。同样是习惯，文中的谭姝就能做出改进，以免自己发泄压力时的大吵大闹吓着孩子。孩子来到这个世界上，我们的身份发生了变化，之前习以为常的事情也应该做出相应的调整。也许我们的习惯在成人眼中可以理解和宽容，但在对世界认知不全又处于心理发育敏感期的孩子来说，一个细节就可能是未来的隐患。

> **课堂笔记：哪些突发行为可能对孩子造成负面影响**
>
> （1）静坐沉默，一言不发，不搭理家里的人。
> （2）过分挑剔，对每一件事都唠叨不休，鸡蛋里边挑骨头。
> （3）大声说话叫嚷。
> （4）号啕大哭。
> （5）摔东西或把东西重重地放下而发出很大的声音。
> （6）动作很大地干活，明显用力过猛。
> （7）以完全放弃的态度在不该结束的时候结束事情，如讨论、吃饭、游玩等。
> （8）冷笑却不说为什么。

赞扬到底满足了谁

肖宁有个聪明儿子,这是谁都知道的事情。

儿子争气,四岁就能做100以内的加减法,背诵唐诗三百首,画的画被老师贴在幼儿园的墙上,甚至还开始学弹钢琴,半年之后已经能有模有样地把《致爱丽丝》弹完。

这样的孩子谁不喜欢,谁不夸赞呢?可是上小学后不久,老师就打来电话,说肖宁儿子似乎有点问题。

问题说来也不大,就是肖宁的儿子似乎过分骄傲,有点瞧不起同学。老师委婉地叫肖宁对孩子更严格点,以免自信变成自负,不利于孩子成长。

肖宁结束通话后马上扑到互联网上查询。这一查不要紧,让肖宁冷汗直流,原来表扬对孩子的坏处有那么多,自己差点害了孩子。

从那天开始,肖宁像换个一个人。以前儿子做出一点成就她就大加夸赞,现在哪怕儿子的作文在全校得了奖她也只是淡淡地说了句"知道了"就完,不当一回事的态度让儿子非常郁闷。

这样该好了吧,不会夸出个自大狂了吧?不料一学期后老师又打来电话,说肖宁儿子最近学习退步不少,上课不再积极发言,平时也蔫蔫地一副没精打采的样子。

肖宁这下傻眼了,难道自己又做错了吗?

出色妈妈课堂

赞美对于孩子,就像阳光雨露对于植物,阳光让植物生根发芽开花结果。但是阳光太烈,植物会被晒死,雨水太多,植物会被淹死。

赞美太多,孩子容易养成自大的毛病,但是绝口不提表扬,孩子又会因为缺乏肯定和激励丧失自信和努力的激情。肖宁之前的行为很可能捧杀一个不错的孩子,但之后的行为却又矫枉过正,偏向了另一个极端,给孩子造成另一种伤害。

  对待孩子，赞美是需要仔细衡量、及时给予的。过多过少、过早过晚，都会给孩子成长以不良影响。而当孩子遭受到了打击的时候，不良情绪就会投射到家中，影响整个家庭的亲情氛围。

> **课堂笔记　表扬最容易犯的三个毛病**
>
> （1）过度表扬。超过了应该表扬的范围，对不应如此吹捧的成果过分称赞，容易使孩子变得自大。
>
> （2）移情表扬。明明是因为其他重大事情而要表扬孩子，但耽误了时间，于是另找了一件小事大肆表扬，孩子往往会感到困惑，心理评判标准会因此做出错误的调整。
>
> （3）饰过表扬。因为孩子一件事情做得好而忽略了对其他错误进行教育和惩罚，这种行为可能助长孩子的侥幸心理，使得孩子的道德观有所偏颇。

别拿孩子玩个性

钱晶以前是服装设计系的高材生，加上出身艺术世家，身边往来的朋友也多是艺术界的从业人员，品味自然非同一般。按她的话说，她眼里是容不得沙子，容不得那些品位庸俗、设计低劣的服装。

现在她就对着女儿的校服大发脾气。平平常常的运动衫裤，设计上自然没什么出彩的地方，已经可以被挑剔的钱晶归为庸俗的大路货之中。而红蓝配色加两道白边的做法，则让钱晶觉得无可忍受，她的女儿绝不可以穿这么没有品位的东西。

第二天，钱晶拿出自己买的童装给女儿穿，女儿却坚持要穿学校发的校服，因为老师规定每周星期一和星期五都要穿上校服。

母女两争执了很久，钱晶动之以情，晓之以理，最后拿出母亲的权威："今天就穿这个，别的没有。"女儿只好屈从。

晚上吃饭的时候，钱晶照例问女儿这天在学校过得怎样。不问不要紧，一问女儿眼圈就红了。

原来因为没穿校服，女儿被老师批评了一顿，还冠上没有集体观念的帽子，连身边的同学下课后说因为她不遵守周五穿校服的规定，检查的时候扣了分，班级这次拿不到流动红旗了。

女儿越说越委屈，大声说了句"都是你"后干脆离了饭桌到一边哭了起来。钱晶除了心痛还有更多的气恼和不理解：难道孩子连保留一点自己的个性都不可以吗？

出色妈妈课堂

孩子的个性和集体荣誉谁更重要暂且不谈，文中钱晶要保留的，不是孩子的个性，而是她自己的个性。自始至终，钱晶的女儿都没有主动要求过不穿校服，她不穿校服的行为并不是她自己的意思，而是钱晶要求甚至逼迫的结果。

在钱晶看来，设计不好的衣服就应该不穿。对成年人来说，她有不穿的权利，也能够承受相应的后果，即使因为这种行为遭到排斥和非议，她都能够接受消化，因为她有足够的智慧和气量来对自己的选择负责。

但是对孩子来说，他们在乎的未必是设计的品位，更重要的是老师同学的看法。他们幼小的心灵还不能和钱晶这样特立独行惯了的成年人一样把别人的意见完全抛开。在这方面钱晶没有为孩子考虑太多，而是用自己的想法替代了孩子的意见，但是孩子又不能像她一样接受后果，矛盾就产生了。

母亲潜意识里很容易用"我是为你"考虑的借口掩饰自己希望控制孩子的想法，但是这种做法不但没有给予孩子足够的尊重，还可能给孩子带来难以承受的后果——哪怕认为这种后果比起看重的东西完全无足轻重，但请注意，承担后果的是孩子而不是我们，所以我们无权代替孩子——接受后果的人——做出决定。把孩子当成矛盾中心的做法会让孩子感到痛苦，对母亲产生怨恨的情绪，认为一切苦难的根源是母亲，不利于亲情的发展。

课后作业 努力调频

不管我们如何为孩子着想，我们和孩子之间毕竟有着二三十岁的年龄差异，彼此对事物的看法有着南辕北辙的差异。对照下表，如实填上和孩子的想法，看看差别有多大。努力理解孩子的想法，不要嘲笑或企图说服孩子。

	孩子的意见	妈妈的意见
违背老师的话		
被罚站		
被老师当众批评		
被同学嘲笑		
考试成绩不好		
不能参加集体活动		
被老师同学轻视		
对同学失信		

在学校最怕的事	
在学校最糟糕的事	
在学校最得意的事	
在学校最开心的事	

给孩子一个真实的世界

秦丰身体不太好,所以对于好不容易得来的孩子非常喜欢,整天心肝宝贝地没个完。于是儿子年纪小小就知道自己的地位,还能煞有介事地指着自己说:"我是妈妈的宝贝,是妈妈最重要的人,比所有的人都重要,有了我妈妈就开心了。"每到这个时候,秦丰和丈夫就笑成一团,深感孩子的可爱。

不料这些话竟然成了儿子的把柄,母子屡屡为此发生争执。

秦丰周末准备参加同学聚会,大家都说好不带家人,好重温单身的自由时光。可是临走了儿子非要跟着去,不管父母怎么解释都又哭又闹,最后害得秦丰丈夫紧紧抱着孩子秦丰才得以脱身。

儿子的逻辑就是:我是妈妈最重要的人,为什么妈妈要因为那些人离开我?感到受到伤害的他对聚会归来的秦丰冷眼相对。

又有一次儿子打烂了家里的花瓶,这个花瓶是秦丰大学时代的纪念品,价值非同一般,于是心痛地责备了儿子几句。不料,儿子不服气,说:"花瓶有我重要吗?你不是说我是世界上最重要的吗?你居然为了一个瓶子骂我,你以前说的话都是骗人的?"秦丰则觉得孩子不认错还顶嘴,越发生气了,最后给了儿子一顿好骂。

这样的事情层出不穷,儿子看秦丰的目光也越来越冷,仿佛自己是个被欺骗又被抛弃的可怜虫。

出色妈妈课堂

恋人之间常常有山盟海誓,其中不乏摘星揽月,海枯石烂等脱离实际的承诺。但是成年人能够理解恋人不去实现这些行为的做法,也能够分辨什么是语言,什么是语言背后的感情,孩子却未必能够。

秦丰儿子显然就把秦丰的语言当了真,并且极端化,所以就会认为秦丰说谎骗人。虽然这是一个比较极端的案例,但是对于缺乏足够分辨能力的孩子,母亲疏忽大意的言行的确可能影响孩子形成不正确的观点,当语言构筑的世界和真实世界相冲突的时候,孩子就会产生被欺骗和遗弃的感觉,甚至产生怨恨。

因此,在孩子成长的过程中,母亲不宜过分强调孩子唯一、第一的地位,而应该结合真实生活中的种种,对自己的表述多加限定和解释,给予孩子合理的引导,从一开始就让孩子树立起正确的观点。

课堂笔记 三种常用引导语言

孩子的说法	引导语言
妈妈最爱我	避免"最……"的说法,将他和众多人并列,减弱第一、唯一的意思。如,妈妈很爱你,还爱爸爸,爱外公外婆,爱叔叔阿姨,就像宝宝爱妈妈也爱爸爸一样,我们爱的人越多,爱我们的人也越多
妈妈一直爱我	加上限定条件,趁机灌输正确目标,避免孩子有恃无恐地犯错。如,宝宝听话,有礼貌,讲卫生,妈妈就一直爱。要是他调皮捣蛋不爱干净,不但妈妈不喜欢,所有人都不会喜欢
我是不是比……更重要	除特殊情况外,不要直接给出比较的答案,以免孩子在内心进行排序,将此作为行为的唯一标准。如宝宝是妈妈的宝贝,钱是让妈妈买菜的,如果没有宝宝,妈妈买菜给谁吃呢?没有钱,妈妈买什么给宝宝吃呢?你们都很重要,一个都不能少

第四章　出色的妈妈这么说

教育，一定要棍棒之下出孝子吗？

教育，一定要枪杆子里出政权吗？

教育，一定离不开批评、争吵和对立吗？

传统并不等于正确，率直也不是错误的借口，孩子敏感的心灵需要我们的真心、细心、耐心和技巧，今天一个细节的疏忽，可能导致以后的追悔莫及。

让我们一起来学习面对孩子应该怎么想，怎么说，怎么做，再大的错误和分歧，都可以找到完美的解决方式。

出色的妈妈说："亲爱的，我们不争吵。"

永远不要说出口的字

叶欣的女儿非常乖巧，小嘴甜甜的，平时很讨周围大人的欢心，可就是一样让叶欣头痛：她的学习成绩不怎么样。

每次看到女儿对着习题发呆，咬着笔头一句话不说就能愣上好久，叶欣心里的火就不打一处来。自己当年可是尖子生，丈夫也是聪明伶俐的一个人，为什么生个女儿就这样笨呢？

拿着题目为女儿讲解，问女儿听明白没，女儿点头；可是要女儿自己做作业，女儿就一筹莫展，又开始摆出那副半死不活的神情。对此叶欣真是恨铁不成钢，"这么简单的题目你都不会做，真是笨死了。""这没见过你这么蠢的脑袋，哪不懂你说话呀，什么事都只会点头。""我要是你的老师，早被你那蠢劲给气死了。"

话虽如此，叶欣还是尽心尽力地给女儿讲解着题目，女儿的成绩也有了一点点起色。不过女儿却不再像以前那样活泼，见了人也不再主动打招呼，总有些畏畏缩缩，尤其是在叶欣面前更是一副耗子见了猫的样子，低眉顺眼，问三句答一句，甚至在转身离去的时候能听见那如释重负的出气声。

叶欣感到很纳闷：以前那个活泼可爱喜欢拉着自己说说笑笑的小女儿到哪里去了？

出色妈妈课堂

叶欣和女儿之间的关系显然出了问题，而问题的关键在于叶欣的用词。虽然本意是为了女儿好，她的教导也的的确确起了作用，但是那些"笨""蠢"的贬义词却伤害了女儿的心灵，进一步损害了叶欣和女儿之间的关系。

孩子无条件地信任着带他们来到这个世界上的母亲，所以那些贬义词出自母亲之口时，他们往往会信以为真，觉得自己被母亲看不起，在母亲心里没有地位，产生浓重的自卑情绪。

假如女儿可以向叶欣坦承自己的感受，叶欣肯定会改正。但是来自亲人的贬低有着极为深重的痛，叶欣的口不择言一再刺伤女儿的自尊心，久而久之女儿因为害怕再次遭受这种痛而采取了避免和叶欣交流的方式，以尽可能少说话来避免因为说错话招来叶欣的不满。这种行为堵塞了母女间沟通的渠道，使得问题累积而得不到解决，越积越深，终于导致女儿性格变形，无法像往常那个自信健康的孩子那样对待周围的人。

课堂笔记：出色妈妈不会说

句子	说明	举例
直接否定句	直接对孩子做出负面判断	你真蠢、笨死了、你脑子坏了
贬义比喻句	把孩子和有贬义的动物相提并论	猪都比你聪明，你的脑子被狗吃了
极端否定句	把孩子排除在集体之外，使他产生孤立和比所有人差的感觉	是人都会做这道题，除了你没人会犯这种错

批评有方法

廖静的儿子很可爱，见人自来熟，嘴巴像抹了蜜，谁都喜欢。

可是这样的脾气注定做不了好学生，儿子根本就和文静听话这类词绝缘，课堂上讲话、跟老师顶嘴、对同学恶作剧这种事情倒是少不了他一份。

这天家长会，班主任正跟廖静谈话，教室里就传来喧闹声。原来廖静的儿子就这一小会儿工夫就闯出祸来：他把黑板上写着的"欢迎家长"的字和装饰画擦掉，画开了坦克大炮，南北对垒热火朝天地开战，最后战事已经从黑板上蔓延到同学中，粉笔头、黑板擦也成了武器。

班主任大怒，把肇事的几个家伙拉到一边教育，几个顽皮孩子耷拉着头听训，只有廖静的儿子依旧昂首挺胸、神气活现，一脸的满不在乎。

"回去好好教教这孩子，实在是太顽皮了。"最后，班主任对廖静说，廖静点头称是。

可是回到家廖静对丈夫讲了今天家长会后发生的事情后，丈夫想要好好教训儿子一顿，廖静却拦住了他。廖静认为孩子正是敏感的年纪，随便批评会伤害他的自尊心，也就是活泼好动了一点，何必那么小题大做呢？最后丈夫只好作罢。

儿子看着阴云退去，高兴地倚着廖静说这说那，哄得廖静又是开心又是得意：除了顽皮点，我儿子不是挺可爱的吗？什么慈母多败儿，那一套可不适合我家。

出色妈妈课堂

在现阶段来看，廖静的儿子除了有些顽皮没什么出格的，母子之间的亲昵也让人羡慕，但这绝不表明廖静的做法就是正确的。

表面上廖静不责罚儿子是为了保护儿子的自尊心，实际上潜意识中这是一种不自信，认为自己一旦做出改变，自己和孩子之间的亲密关系就会被打破。所以她一直逃避对孩子进行正面教育来维持现状，母子间关系天平的平衡被打破，形成一种病态的关系，在这种关系下，廖静事实上处于讨好的弱势地位，母亲的引导教育责任空缺。

除此之外，在她的溺爱和保护下，孩子得不到正确的引导，恶习可能逐步加深，后果堪虑。

实际上廖静大可不必这样担心，恶毒的语句和过分严厉的批评固然会伤害孩子的自尊心，将亲昵的母子关系变得冷漠敌对，但是只要掌握了正确的批评方式，孩子一样能够接受父母的意见而不会受到负面影响。进行平等正确的沟通，也是维持母子间亲情健康的必要手段。

课堂笔记：批评要注意的六个"正确"

（1）正确的时间。孩子犯错之后要及时批评，趁热打铁才有好效果。如果过了很久才旧事重提，孩子已经忘记了当时愧疚的情绪，容易产生逆反心理，认为大人是在故意找茬。

（2）正确的地点。表扬孩子要当众，批评则要私底下进行。一是维护了孩子的面子，二是不至于让孩子为了维护面子而对承认错误有抗拒心理，降低了沟通效果。

（3）正确的对象。错就是错，对就是对，要用统一的标准对待每个人，即使自己无权批评其他犯错者，也要在孩子面前表明自己的态度，以免孩子认为大人欺软怕硬或自己是倒霉的一个，造成侥幸心理。

（4）正确的语气。嬉皮笑脸会降低批评的效果，但不等于横眉怒目大声叫骂就是好的方法，恶声恶气最容易刺伤孩子的自尊心，和蔼可亲一如平常交谈才是最正确的批评语气。

（5）正确的表达。不要一味否定孩子的做法，武断的判定无法使孩子心服口服，也难以让他们明白自己错在何处而失去改正的机会，注意把批评的重点放在如何错的解释而不是一味重复告诉孩子他做错了。

（6）正确的处理。惩罚要适当，且以引导为主，而不是进行无意义的惩罚。如果不给出弥补的方法，孩子则可能感到茫然，内疚加剧自我压力。惩罚过重则容易激起孩子的逆反心理，甚至引起孩子对家长的仇视。

维护孩子的面子

言旭的儿子在班级里向来以小小男子汉自居,最爱表现自己大胆勇敢,同学们敬佩的目光就是他的骄傲。

这天是言旭儿子的生日,她邀请了几位小朋友和他们的父母前来参加生日会,屋子里热闹非凡。儿子趁机搬出他那堆宝贝——枪模型啊、小刀小剑啊向朋友们卖弄,吹嘘自己拿着这些武器"斩妖除魔"的经历。

一位孩子的母亲羡慕地对言旭说:"还是男孩子好,胆子大,让人放心。不像我家那个丫头,看见个老鼠都要叫半天。"

言旭笑了:"你听孩子吹牛呢。他现在威风,见了老鼠一样怕。"

"什么,你怕老鼠?""哈哈,大侠也怕老鼠吗?"小朋友们听见这段对话,纷纷凑趣。儿子不满地埋怨言旭:"妈,你讲这些干吗啊。"

言旭看着儿子脸红红的,觉得有趣,偏要逗他:"不光是怕老鼠,他还怕黑呢。小时候他死都不肯一个人睡,非要挤到我们床上来。后来我们答应在他房间一直开着灯,他才答应自己睡。不料睡到半夜,突然听见他在房里大哭。我们吓了一跳,不知道发生了什么事,连忙跑过去看。结果他一个人裹着被子哭得正起劲呢。我们看看没什么事发生,问他为什么,原来灯泡坏了屋子黑了,他觉得周围有好多怪兽魔鬼,还有好多老鼠蟑螂,越想越怕,结果被自己吓哭了。"

"哈哈哈哈哈!"小朋友们笑了,言旭又讲了几段儿子怕黑怕老鼠的趣事,不料儿子喊了句"你讲个够吧!"一个转身回了自己的房间,狠狠地关上门,怎么叫也不肯出来,好好的生日会不欢而散。之后的很长一段日子里,儿子也对言旭不理不睬,除非必要绝不主动开口说话。

出色妈妈课堂

养育孩子的苦与乐,没有人比母亲了解更多。讲述孩子成长中的故事,回顾往事的苦和乐,是妈妈们喜爱的行为之一,在这个过程中她们能够获得充分的成就感和乐趣。但是对于孩子来说，无法体验到母亲把自己养大成人的成就感，也难以体会到过去那些生活琐事带给母亲的欢乐，在这方面两者存在天然的沟通障碍。

但是言旭并不知道这种障碍的存在，仅仅以自己的想法贯注于儿子身上，以为儿子可以分享这份快乐，在大众面前和儿子一起分享往事也是一种隐讳地炫耀，所以她乐此不疲。实际上她提到的往事是儿子不愿面对的疤痕，在大众之下宣扬严重地伤害了儿子的自尊心。

有人以为要面子是成年人的行为，其实孩子并非没有面子观点，只是他们看重的东西和成年人存在差异所以往往被人忽视。实际上孩子相当重视自己的隐私，在自己没有准备好的情况下被暴露自己的私事他们往往没有成年人那样的应变能力和接受能力，对外界的反应可能会过分夸张。所以当成人不小心触及了孩子的自尊时，孩子们就会做出激烈反应来维护自己的自尊，或者反驳，或者逃避，这都会大大影响亲情交流。

课后作业：找出孩子的自尊地图

认真地和孩子谈一次，询问他哪些事是不愿意自己谈及的事情或者做出的行动，记录下来；

在和孩子一起出席公众场合的时候，事先问孩子有没有什么不可以说的话。

一旦孩子表现有异，立刻转移话题，不要因为觉得有趣而继续。

当孩子对你提出意见的时候，予以足够的重视。

当孩子在外和在家表现不一致的时候，不要立刻指出，细心观察原因，事后和孩子进行关于这现象的交谈。

将上面所得的东西归纳整理，列出孩子的禁忌事项，按反应轻重排序，时刻对照自己的行为，提醒自己注意不要违禁。

告诉他：这么做

黄灵觉得孩子真让自己操心，几乎每时每刻都得把心思放在他身上才行。

天刚亮，就听见黄灵的声音："今天降温了，别穿昨天那件衣服了，当心感冒。"

孩子才穿戴完毕去洗手间洗漱，黄灵的声音又飘过来："牙膏别乱挤，会浪费的。"

吃早饭的时候黄灵也得不停地念叨："别那么拿筷子，不好看""别那么盛汤，别人会笑你的""别那么拿碗，像讨饭的一样"。

上学之后黄灵会轻松一下，可是从五点多孩子回家开始，黄灵的嘴又要不停地工作到孩子上床睡觉。

吃完了饭孩子坐在沙发上看电视，黄灵要告诉他坐相不好看。

孩子玩玩具，黄灵要告诉他别老像个孩子一样玩玩具。

孩子看看书，黄灵要告诉他注意看书的姿势，不然以后会近视。

洗脚的时候，黄灵又要告诉他别把脚放水里泡泡就算，那样可洗不干净。

有时候连丈夫都觉得黄灵唠叨，可是黄灵一瞪眼："我还不想费这个劲呢，可是你看看，孩子都十岁了还一点不懂事，我能不操心吗？"

是的，黄灵的孩子比起同龄人来，显得不够机灵，也没有其他孩子那股活力。他做事总是缩手缩脚地，一副没信心的样子，总有些想避开父母，对黄灵更是"嗯嗯啊啊"说不出几句完整的话。

黄灵真想孩子能像别家孩子一样，主动拉着母亲絮絮叨叨地说学校里的新鲜事，能自己照料自己让父母放心，可是看看孩子的样，什么时候才会有那一天呢？

出色妈妈课堂

如果黄灵不改变自己对待孩子的教育方法，那么她的孩子很难有自立自信的一天。

从黄灵的语言看出，她总是在否定孩子的行为，这种不断来自至亲的否定首先摧毁的就是孩子的自信，所以他缺乏因为自信而焕发出的活力。

黄灵在否定孩子的同时，并没有给出应该怎么做的指示。对孩子来说，他只知道自己这样做是错，那样做是错，却不知道自己究竟应该怎样做才是对。不断地尝试遭到不断的打击，他养成了始终都在怀疑自己的习惯，怀疑自己所做的事情是不是符合黄灵的要求，所以做事的时候就会畏首畏尾，害怕自己做错，害怕自己再一次遭受打击。

由于没有得到过肯定，也不知道怎样做才能得到肯定，所以孩子只能采取少做少错、避开黄灵这样的方法来减少打击，其直接后果就是减少了和母亲的交流，而从长远来看，在这种茫然、担心、自我怀疑、逃避交流情绪下长大的孩子，无论是在交流能力、生活能力和自信品格上，都远远逊色于同龄人。连平均分都拿不到，又谈何出色呢？

夸奖夸对地方

陶晶有个聪敏可爱的女儿，从小喜欢唱歌跳舞，在幼儿园的时候就开始担任小主持人和领舞，上学后更是参加了学校的艺术团，时不时拿个奖回来，高兴得陶晶合不拢嘴，开口闭口都是"我的女儿真聪明""我女儿天生就是明星""我女儿就是有才华，都是一样练习，就她能拿奖"。

久而久之，女儿也露出一点骄傲的迹象，说话的口气也大了起来。不光是对着家人爱吹牛自夸什么的，对同学有时候也摆出一点明星架子，常用不屑地口气对小伙伴说："我天生就适合跳舞，你们练也没用。"

这天陶晶和一个朋友在正家里聊天，女儿高高兴兴地冲进来，说自己的独舞被选中参加市少儿联欢会，全校就她一个人。陶晶自然狠狠地夸奖了一番，旁边的朋友却露出不以为然的神色。

一会女儿回房做功课，朋友才对陶晶说："你平时就这么夸孩子？"

陶晶不明所以："当然。女儿可乖了，又聪明又可爱，天生是个……"

朋友打断陶晶的话："孩子是不错，可是不能总这么夸，会毁了孩子的。"

这下陶晶不服气了："怎么可能？现在都讲究赏识教育，就是要多夸奖好树立孩子的信心。何况孩子本来就值得夸奖，有什么不对？"

朋友却说："赏识教育没错，但是你没夸对地方。"

陶晶不懂，为什么没夸对地方，不夸奖女儿聪明能干，那夸什么呢？

出色妈妈课堂

赏识教育是这几年来流行的教育思想，但是许多家长在接受这一思想的同时，没有学会正确地使用这一思想，对孩子的夸奖往往夸错了地方。

陶晶一直夸奖女儿的聪明和天赋，这些东西是天生的，其中并没有女儿自己的付出，一直夸奖这些东西，容易使女儿将自己的成功归功于这些天生的东西而不是自己的努力，容易形成骄傲自大的心理——这是我应得的，我不需要努力就能得到荣誉和成功，从而滋生出轻视努力、不愿付出的心态。

而在生活中，天资固然重要，但是人生的跑道上，奔跑的耐久度和不断为自己加速的能力才是胜负真正的关键。即使孩子在起跑线上胜人一筹，但后劲不足，终究还是会落后于人。

由于没有认清成功和努力的关系，面对失败的时候他也很难从自身找到原因，会一直纠结于有天赋为什么会失败上，甚至钻进牛角尖抱怨世道不公，怀才不遇，愤世嫉俗。

因此，夸奖固然重要，但是要注意夸对地方，把孩子的注意力集中到自己的付出上，养成他们靠努力去赢得成功的习惯，否则夸奖的效果会适则其反。

课堂笔记：最容易夸错的五个地方

具体情况	不应该这么夸	应该这么夸
孩子打扮得漂漂亮亮地问："妈妈我好看吗？"	"漂亮，宝宝长得最漂亮了。"这样的回答把重心放在了无法改变的外表上，容易让孩子重视外表	"好看，像个健健康康的运动员。"引导孩子注重健康，突出健康才是美的概念
孩子知错能改的时候	"我就知道宝宝是个好孩子，一时糊涂才做错了。"把犯错归咎于偶然，减弱了教育效果	"没关系。人都会犯错，改了就好。"以都会犯错减弱孩子的内疚心理，然后突出改正这一重点
孩子做出成绩的时候	"真的吗，阿弥陀佛，老天保佑。"把成功归结为运气，抹杀了孩子的努力	"做得好，这是你努力换来的，应得的。"把成功和努力联系在一起
孩子失败后表示要努力时	"没关系，这次运气不好而已，下次咱们努力。"失败必然有原因，但是一句运气阻止了孩子去探寻根本原因	"好孩子，去找到失败的原因，继续努力吧。"促使孩子寻找原因，正视自己的弱点和缺点

| 孩子成功后寻求表扬时 | "不愧是我的孩子。"心满意足的自夸固然得意开心，却抹杀了孩子的努力，打击了孩子的积极性 | "真棒，妈妈以你为荣。"在母子关系中突然孩子的地位，增加孩子的自信和责任感 |

对木偶人说再见

儿子乖巧懂事，成绩好，身体也棒棒的从不生病，大家都夸陈巧有个好儿子，不用她操心。可是陈巧心里却总是有个疙瘩，那就是：孩子不怎么肯跟她说心里话。

虽然孩子也和她聊聊学校的事，饭桌上也插嘴几句家务事，但是陈巧总觉得自己看到的儿子是一个外壳，儿子遇到些什么事，心里边怎么想，她一点都不知道。

想到这陈巧就觉得很气馁。尤其是别人对她有个乖孩子表示羡慕的时，她总是心虚地觉得自己像个骗掌声的家伙。

陈巧努力过几次，可是每次谈话都异常艰难，所有的话题都浮在水面上一样，就是看不到水下边有什么。

"你有什么话对妈妈说吗？"

"没有。"

"在学校里遇到什么事要和妈妈说啊。"

"嗯。"

"有事别憋在心里。"

"没事。"

"妈妈真的担心你有事不肯说憋坏了，说出来妈妈听好吗？"

"真的没事。"

话题总是进行不下去，重复几次陈巧也觉得疲倦。

"哪有和妈妈这么不贴心的孩子呢？"她非常烦恼。

一次商场购物抽奖活动，陈巧得到了一个带录音功能的木偶人，可以短时间录下对着它说的话。陈巧觉得挺有意思，玩着玩着突然有了一个想法。

第二天，陈巧把木偶给儿子，叫他拿回房玩。

当晚，儿子眼睛红红地把木偶还给了陈巧。

之后每过几天，这样交换玩具的情形就会出现一次，丈夫感到奇怪。陈巧解释说那天她把自己想对儿子说的话录在里面,儿子听了也说了几句话给她。虽然只有几句话,但是陈巧听得出,那是儿子的心里话,是以前自己想要儿子说儿子却不肯说的话。

陈巧得意地告诉丈夫:儿子录在木偶里边的话越来越多了,而且也越来越愿意和自己交谈了。

再过段时间,应该就可以和这个木偶说再见了吧,陈巧心想。

出色妈妈课堂

孩子成长到一定阶段,身体和心智逐渐发育成熟,对事物有了自己的想法。这种变化使他们既欣喜又困惑,既迫切地希望向成人世界靠拢,又出于羞涩或自认为已经成熟的自尊不愿向父母询问自己的疑问。加上中国人在表达感情方面一向有含蓄的传统,种种原因交织在一起,孩子们往往会习惯于封闭自己的精神世界,不再像幼时一样向父母袒露自己的所思所想。而在表达感情上通常更为含蓄,或者不善言辞,或者因为内心焦急而在交谈时忙中出错的父母们,更难引导孩子交心。

这时候,避开面对面交流的种种不便,通过第三者传达思想是比较好的做法。不仅避免了当面交谈时种种情绪因素的干扰,能把思想表达得更为准确和婉转,而且留给了彼此一定的缓冲时间,能够作出更好的应对,使交流更见成效。因此写信、留言以及网络交谈等方式,都不失为加强和青春期儿女沟通的好方法。

课后作业

(1)观看《成长的烦恼》《花季雨季》等经典老片,从父母的角度来看这些曾属于青春时代的影片,尝试总结其中的经验和教训。

(2)阅读刘墉的书,其中大多是写给其子刘轩的信,这是一对非常成功的父子,无论是家庭关系还是事业学业上都值得仿效。

(3)给孩子认真写一封信,在信中诚恳地谈谈自己的感觉和想法,最好养成习惯。

(4)当孩子的回信或者其他回应出乎意料的时候,保持冷静,不要一时冲动让沟通成绩毁于一旦。

回应，而不是反应

杨雅的女儿离家出走了，急得杨雅直哭，立刻全家总动员开始大搜寻。幸好当晚就收到女儿同学家长的电话，得知女儿一切安好。

杨雅这才松了一口气，她不明白，一次小小的争吵怎么就酿成这般风雨。

那天女儿拿着新买的小说看个不停，杨雅随口问着："功课都做完了吗？"

"做完了。"女儿埋首小说里，头都不抬。

"都做完了？抄单词、听英语、背课文，都做了？星期天给你买的数学习题集做了吗？"

"呀，我忘做习题了。"女儿惊呼。

"我看你就是故意的。反正那不是老师布置的，你就不爱做。光爱看小说，看小说能看上大学吗？也不见你语文多考一分……"看见女儿果真看小说看得忘记功课，杨雅生气了。

女儿叨念着："烦死了，我就去做。"一边站起身来，一边放下小说。不料放书的时候碰翻了茶几上的玻璃杯，水流得到处都是。

"你，你，你，我说你两句还发脾气，我说你是故意的吧。"杨雅以为女儿故意给自己脸色看，更气了。

女儿却觉得杨雅什么事都怪在自己身上，不问青红皂白就骂人，也觉得委屈了，哭了起来，边哭边嚷嚷。

杨雅偏偏认为女儿觉得委屈是不认错的表现，想到自己忙里忙外女儿却不理解自己这片苦心，也伤心了，半是哭诉半是骂地提高了声音："你哭什么，我才该哭呢。养你这么大，说你两句就给脸色，我还不是为了你好……"

不料女儿冲出门去嚷嚷着："不要你养！"竟然一去不回头。

小小争吵变成这个样子，杨雅实在没想到，是哪里出了问题呢？

出色妈妈课堂

　　孩子犯错需要教育，但是许多母亲在教育孩子的时候，往往因为联想到自己养儿育女的辛苦和为孩子好而孩子不领情的心酸，将自己的情绪反应带入了教育中，使得教育变了味道，成为一种感情惩罚。

　　这种感情惩罚里，家长会用刻薄的语言挖苦羞辱孩子，或者故意冷落孩子，或者像杨雅一样，利用自己的身份和付出对孩子施压，将自己的情绪感受转嫁在孩子身上。孩子脆弱的心灵不堪重负就会出现过激的表现，无论家长的出发点是好是坏，都不能取得教育效果。

　　虽然我们已经比较认可体罚的不恰当，但是这种感情惩罚却被忽视。实际上，感情惩罚对孩子的伤害虽然不如体罚那样显而易见，但是影响却更为深刻，不但伤害了孩子的自尊，还会使孩子背上感情的重压，心灵遭到扭曲，无法正常成长。

　　在教育的过程中，对于孩子的犯错，母亲们在作出反应之前，先想想怎么做才好，怎么说孩子才会听。因为在这个时候，孩子需要的不是你的情绪反应，而是对他行为的一种理智回应。

课堂笔记：回应前的三思

　　一思：我够冷静吗？只有冷静才能静心思考，才能做出正确的判断。愤怒只会蒙蔽我们的智慧，做出让我们后悔、让孩子受伤的举动。

　　二思：到底谁错了？孩子真的错了吗？是有意还是无心？我应该承担一部分责任吗？仔细想想看，不要一下子把所有问题都推在孩子身上。

　　三思：我该怎么说？不要让责骂冲口而出，教育是一种引导，重点在孩子的改正而不是满足自己情绪的发泄。用正确的方式对待孩子的错误，孩子才会学好。

有些信任不能辜负

徐英是个网虫，有空就要坐到电脑面前，就是没空也要抽出时间上网。一天没摸着电脑，就浑身不自在，干什么都打不起精神。

这个毛病也遗传到了女儿身上，徐英的女儿小小年纪已经俨然一位互联网冲浪高手，聊QQ，泡论坛，写博客，打游戏，玩个不亦乐乎。

这天徐英的女儿去军训，晚上突然打回家一个电话，叫妈妈帮她登录QQ对QQ群里的朋友们说一声这周她军训不能参加大家的活动，免得大家不知情等她误了事。

什么活动？误了什么事？群里边是些什么人？徐英关心地问着，女儿却不耐烦地挂了电话："哎呀，你管这么多干吗，帮我带个口信得了。"

一周后女儿回到家一登录QQ，发现大家都不理她了，群里边几经盘问证实她的身份后，立刻有网友向她告状："你知不知道你妈妈上了你的QQ？"

一开始女儿还无所谓："没事，是我叫她帮我带个口信的。"

网友诧异了："不是吧，你妈还想装成你套我们的话呢！被揭穿了干脆像审犯人一样审我们，要我们交代清楚是什么人，做了什么事，和你什么关系。吓死我们了，刚你上来的时候我们都不敢和你说，怕又是你妈装的。"

女儿又羞又怒，正打算找妈妈算账，想不到徐英竟然先走过来，一脸严肃地说要谈谈。

那些话题可都是女儿QQ和博客里才记录的事呢。女儿马上明白自己的聊天记录、博客日记还有邮箱全部被查看过了。

"你怎么能这样！"女儿生气了，"我告诉你密码是信任你，想不到你趁机偷看我的东西。"

"什么偷不偷，这么难听，我是你妈，看看你的东西有什么。"徐英觉得那个"偷"字很刺耳。

"你懂不懂人和人是要互相尊重的。那是我的个人隐私，谁都不能动，你是我妈也不行！这是侵犯人权！"

"少学了几个破词就拿到我面前显摆，什么隐私不隐私，尊重不尊重，人权不人权的，我是为了看看你上网都干了些什么，这是为你好，你知道吗？妈妈看女儿的东西天经地义，要得着谁同意不同意？电脑是我买的，网是我教你上的，连你都还是我肚子里面掉下来的呢，我做事轮到你同意不同意？"徐英也有点生气了。

最后，争执以女儿哭着回房告终。不过从那以后，女儿再不当着徐英的面上网了，偶尔上网都偷偷摸摸像做贼，一看见徐英的身影连忙就切换到桌面，以前那个博客上写满了"今天天气真好，我很开心""今天过节，我很开心"之类的话。而把密码告诉妈妈要她帮忙带口信的事，更不会发生了。

出色妈妈课堂

在家庭交流中，父母的监护权和孩子的隐私权一向是势不两立的东西。孩子要求自己的隐私得到保护，不希望父母插手自己的生活，而父母则希望多了解孩子一点儿以免他们做错事、走错路自己还不知道，于是尽心尽力地挖掘着孩子心理秘密的蛛丝马迹。

在这场战役中，母亲占有天然优势。孩子没有独立的生活空间，日记本、信件之类的东西藏无可藏，电脑之类技术层面上的问题母亲通常懂得更多，成年人侦破起孩子的秘密来只是小事一桩。

但是挖出了孩子心里的秘密又怎样呢？由于不懂得尊重孩子的隐私，不经允许就触碰孩子的私人物品，这种行为会激起孩子强烈的反感，形成和家长的对立心态。尤其是像徐英女儿那样原本比较信任母亲会主动交付密码的孩子，对父母的信任和尊重更是毁于一旦。

没有尊重，就没有信任，只剩下防备和警惕，甚至变得更加叛逆，这一结果和父母的初衷相去甚远。教育界有这样一句话"父母打开了孩子的日记本，孩子关上了和父母交流的心"，这种后果可能是许多成年人想不到的。因此，在怀有"自家孩子，有什么不能看的""小毛孩子哪有什么人权"之类观点的家长在查探孩子隐私的时候，千万三思。了解孩子的渠道不止这一种，为什么非要选择后果最严重的一种呢？

课后作业

（1）主动送给孩子带锁的日记本，表示自己明白他有权保守自己的小秘密，自己不会也不能偷看。

（2）不私拆孩子的信件，不私窥孩子的邮箱、QQ 等。

（3）在翻看孩子作文、博客等之前，请求孩子的许可，没有许可不翻阅。

（4）督促孩子打扫整理自己的房间，而自己尽量少进孩子的房间，更不要随便动孩子的东西。

（5）养成和孩子谈心的习惯，从交流中正面了解孩子。

你所不理解的"对"

柳秋向来不喜欢儿子的打扮,两人常常为这个起争执。

在柳秋看来,儿子的打扮实在太出格了。

头发不好好地剪成平头,也不乖乖地梳成学生头,一个男孩子居然留长发扎个马尾辫,老师督促他减掉后,又把头发烫得蓬蓬松松的像顶了一个帽子,柳秋看不惯。

自己给儿子买的衣服,整整齐齐大大方方他不爱穿,偏要买什么小马甲啊、裤裆调到膝盖的低腰裤啊、满是口袋绳子的T恤啊,难看死了。

脖子上挂个石头,又不是开光辟邪的玉,也不是长命锁,就是普普通通一个石头。

还有长指甲、把头发挑染一缕金黄、穿拖鞋,反正柳秋就是看不惯。

这天柳秋实在忍不住了,因为儿子竟然打了两个耳洞。这两个耳洞还不是左右耳垂一边一个,是全打在右边耳朵的耳郭上,光闪闪地挂着两个小金属环。

"你不是女孩子,打什么耳洞。"柳秋对着儿子左看右看,越看越气。

"时尚,你不懂。"儿子盯着电视,头都不抬,满不在乎地说。

这态度更让柳秋生气:"快去把耳环摘掉,太不像样了。"

儿子不动。

"我叫你去把耳环摘掉!"柳秋提高了声音。

儿子一下站起来往自己房间走:"你烦不烦啊,穿个衣服要说,烫个头发要说,带个耳环也要说。我迟早被你这更年期的妇女唠叨死。"然后砰的一声甩上门。

柳秋正要发作,不想电话响了,只得先接电话。

电话是柳秋妈妈打来的,关心女儿一家过得好不好,宝贝外孙最近怎么样。

柳秋正一肚子气没处发呢,连忙把刚才的情景对妈妈说了,一咏三叹地发着牢骚。

"你知不知道他那个头发……"

"你没看见那个耳环……"

"听的歌，哼哼哈嘿哼哼哈嘿，都是些什么玩意啊……"

"时尚，他们懂什么叫时尚吗？"

"现在的年轻人啊，我就搞不懂他们在想些什么……"

听着听着，柳秋妈妈竟然笑出声来。柳秋不满地说："我给你讲正经事呢，都要愁死了，你还笑。"

柳秋妈妈边笑边说："你不觉得你刚才那些话很耳熟？我当年不也这么说你？现在风水轮流转，也轮到有人说你不够时尚不懂年轻人啦？真是乐死我了。"

出色妈妈课堂

就在二三十年前，牛仔裤、蝙蝠衫、邓丽君的歌是年轻人让老一辈目瞪口呆的流行，曾几何时，听刘德华、张学友，交几个笔友，玩电脑也是一时的风尚。作为曾经自诩时尚一族被长辈当成叛逆儿的妈妈们，你们反对起孩子们的时候，真的那么理直气壮吗？

代沟是存在的，两代人之间的观念必定有着差异，上一代人把下一代人的时尚视作洪水猛兽，其实未必有这么严重。年轻人的言行长辈们可能无法理解，但是并不能因此就把这些东西当成"错"。时代在变化，出色的妈妈首先要有的就是一颗包容的心，我们不能以自己的思想作为衡量一切的标杆，要允许存在我们所不能理解的"对"。

孩子变坏与否需要从多方面去观察，仅仅因为其言行上与自己的思想不兼容就视做变坏，就利用长辈的权威压制孩子按照自己的观点去做，过于武断，也难以得到孩子的理解支持，只会加强处于青春叛逆期孩子和父母的对立。对于不能理解的事物给予足够宽容，就像我们当年希望父母对自己的宽容那样，才会营造出家庭内平等沟通的范围，才能了解到孩子内心的想法。

课堂笔记：出色孩子也可能做的18件"错"事

（1）早恋（或者暗恋谁）。

（2）穿戴非常怪异。

（3）迷恋唱歌、跳舞或者音乐。

（4）写一些颓废忧伤的文章。

（5）开始化妆。

（6）佩戴首饰。

（7）疯狂崇拜某个明星。

（8）喜欢把房间的门关上。

（9）有自己不知道来历的朋友。

（10）不愿对你讲心事。

（11）偶尔抽烟。

（12）偶尔喝酒。

（13）喜欢上网。

（14）偶尔请求能在外玩得晚一点。

（15）对事物有你觉得偏激或者幼稚的看法。

（16）烫发或染发。

（17）在某样不值得的事物上花很多钱（比如QQ会员）。

（18）迷恋漫画、动画片、偶像剧之类觉得无聊的东西。

不要孩子太懂事

几个朋友都做妈妈了，于是姐妹们的聚会都拖家带口，大人们在一边吃喝聊天，孩子们也看书的看书，玩游戏的玩游戏，看电视的看电视，一群人自得其乐。

过了一会，大家一直觉得涂莉实在太娇惯孩子了。

一开始，涂莉问孩子："你想喝橙汁还是可乐，自己拿，别拘束。"

一会儿，涂莉又问孩子："你想看书吗？告诉哥哥，让他给你拿。"

一会儿，涂莉又问："觉得闷不闷，想走的话告诉妈妈。"

一会儿，涂莉又问："喜欢看这个电视节目吗，要不要换一个台？"

朋友们说涂莉这样的做法错了，孩子都上小学该学着懂事了，怎么能老想着自己想干什么呢？这样溺爱，小心养出个小霸王。

"我只是想让他习惯表达自己的思想罢了。"涂莉讲了个自己的故事。

涂莉小时候父母管教得比较严，要求涂莉要讲礼貌要懂事，孔融让梨克己复礼，做个乖孩子。

涂莉做到了，她会把好玩的玩具让给小朋友先玩，只要对方一句话就会把手里的书递给对方先看，吃东西的时候别人给什么都表示很好吃，自己很喜欢。

这样的小孩自然是人见人爱，数不清的人夸奖涂莉的父母教子有方，教了这么个乖小孩出来。

"我爸妈当然高兴，可是他们不知道，长大后的我会变成什么样子，"涂莉幽幽地说，"我不习惯表达自己的想法和需要，从不会和人争执哪怕自己是有理的一方，不敢维护自己的利益。做什么事的时候，我总是瞻前顾后想会不会得罪谁；一旦为了自己说话，哪怕是我该得的，我也会心虚，觉得自己自私自利面目可憎。这样的生活很累。说起来你们会觉得我懦弱，可是我习惯了，因为我受的就是这样的教育。"

朋友们沉默了。

出色妈妈课堂

　　要懂事是不少父母对孩子的要求，忍和让是我们传统礼仪的重点，这种美德无可厚非。但是在让孩子们懂事之前，我们要教育他们懂得表达自己的正当需要。

　　一味要求孩子忍让，克制自己的需要来满足别人，久而久之就会让孩子变得自卑。因为在他的思想里，自己快乐与否变成了第二要素，别人的要求是否得到满足变成了第一要务。过于看重自己是自私，但是过分压低自己的地位就是自卑，同样是一种不健康的心理。

　　一个人不敢大声说出自己的需要，又怎么能指望他站起来捍卫自己的利益呢？这种不敢表露自己需求的习惯一旦养成，说话做事前首先要考虑的是，我这样做好不好，别人会不会满意，有没有可能得罪谁。于是每每退让，在不公正面前让出自己的利益，不敢争取自己应得的东西，总希望有人来主持公道，希望落空之后就会滋生委屈、怨气、羞愤等情绪，占据原本应该属于幸福的位置。

　　压抑自己的人生是不快乐的人生。孩子固然应该懂得礼貌，但是这份懂事不能以过分克制自己的需求为代价。小霸王变成小奴仆，是从一个极端走向另一个极端，并不可取。

课后作业：出色的母亲怎么说

情景	不应该这么说	应该这么说
孩子和别的孩子都希望得到某样东西如玩具	"让给弟弟玩。"无条件牺牲孩子的利益，让孩子觉得自己低人一等	"你们一起玩吧""大家轮流玩，猜拳看看谁先玩好不好。"公平对待双方的权益，给孩子平等的感觉
朋友询问孩子想喝哪种饮料	"随便，小孩子没那么多麻烦。"代替孩子回答，使他养成不说出自己需要的习惯	"快告诉阿姨想喝什么，记得说谢谢啊。"鼓励孩子表达自己的想法，让他有受尊重的感觉

和孩子想看不同的电视节目时	"这个节目太无聊，我换个台。"不顾孩子的兴趣，使他觉得表达自己的需要也无人理睬	"妈妈真的很想看那个节目，可不可以让妈妈先看，妈妈给你租那部动画片的影碟。"平等协商并且作出补偿。
孩子和人争吵	"又吵架，不乖，快说对不起。"不管是非把孩子推到理亏的一面，孩子会觉得自己永远是理亏的一方，利益受到侵害很自然	"为什么吵架，说给妈妈听。有矛盾要好好商量，吵架不是好行为。"谴责吵架行为而不是谴责争吵的孩子，加强孩子的是非观，引导孩子妥善解决问题
孩子提出要求时如希望买件新衣服	"又买？不是才买了，不行。"以自己的想法替代孩子的理由，让他们觉得自己有理由也未必能得到，放弃争取和努力的习惯	"为什么想要那件衣服，说给妈妈听。"鼓励孩子争取自己想要的东西，让他们明白只要要求合理又作出争取就能得到更多

惩罚，三思而后行

刘慧又被老师叫去了学校，因为儿子又闯祸了。

刘慧的儿子是个调皮鬼，三天两头惹事。刘慧骂也骂，打也打，可是就是不管用。

这次是因为刘慧的儿子在上课时趁前面的同学站起来回答问题，把图钉竖着放在同学的凳子上。结果同学一坐下来，几颗图钉全钉在了屁股上，痛得他大叫。

幸好图钉小，伤口不深，没有酿成大祸。可是刘慧儿子这种顽皮行为实在太出格，非得好好管管。

刘慧听了事情的原委，气得不行，辞别老师后，边拉着儿子往外走边对儿子说："看看你干的好事。今晚没晚饭吃了，回去自己到厨房面壁思过，站一晚上，别睡觉了。"

老师本来已经开始收拾东西准备离开，听了这话不禁一愣，望向刘慧。

刘慧看见老师的神色，以为老师嫌自己罚得轻了，连声说："是，是，轻了这小子记不住。明天周末我也让他不吃饭站着，好好饿几顿，他就记得教训了。"

老师连忙阻止："别这样，这样对孩子不好。"

刘慧说："没关系，这小子太顽皮了，就得好好教训一下。"接着又叹气道，"我也够厉害了，可是这小子就是不改。"

老师想了想，说："依我的想法，要不让孩子天天接送受伤的那位同学好不好？"

刘慧觉得这样的处罚太轻了，可碍着老师面子不好明说，也就答应了。

不过让刘慧惊奇的是，一周后儿子似乎真有了点悔意。晚上吃饭的时候刘慧问起那位受伤同学的情况，又随口批评了儿子，儿子竟然点头称是，一点没反驳——要知道以前说他啥，他那张嘴能把没理说成天理呢。

这天，刘慧看见儿子回来就开始翻箱倒柜，便问找什么，儿子回答说："家里是不是有云南白药？听说那个治伤很有效？我拿给同学。"

刘慧一边应着过去帮忙找，一边心想：怪，这孩子还真转性了。

出色妈妈课堂

关于教育有句话叫做"世上没有不合格的孩子，只有不合格的父母"。这句话的意思也可以理解为：孩子都是能够变得出色的，关键在于父母是不是采取了正确的教育方式。

刘慧不是个溺爱孩子的母亲，她知道孩子做错了，也希望把孩子教育好，但是她却没有采取正确的教育方式。所以尽管她对孩子的惩罚很重，孩子也没有改过。因为在这样的惩罚中，孩子既不明白自己为什么错了，也没有为自己的错误作出补偿，当然不能从中学到东西。

而老师的惩罚方式则是让孩子自己亲眼看见、亲身体验自己错误的后果，并且付出相应的代价——接送同学，为自己的生活带来不便并时时受到良心的谴责。

在这个过程中，孩子能够明白：

为什么错——能给同学造成了伤痛和不便；

自己要负上什么责任——付出更多的时间和劳动，精神上也受到愧疚的折磨；

如何补偿——帮助同学减轻痛苦，弥补自己给他带来的不便，如搀扶、帮助背书包等。

这些都是刘慧的惩罚不能带给孩子的，所以老师的处罚看似更轻，却比刘慧的惩罚方式更有效。

当孩子犯错的时候，家长往往会通过惩罚来达到教育的目的，但是气恼的情绪和恨铁不成钢的心情却会使我们过于注重惩罚的惩罚性而忽略了教育性。结果孩子没有从自己遭受到的苦难中得到教训，反而因为身体和精神上的伤害激起对抗情绪，加剧矛盾。

所以，当我们要对孩子进行惩罚的时候，最好不要在气头上，冷静下来三思而后行，惩罚才能实现我们希望孩子学好的初衷。记住：惩罚不是为了发泄我们的怒气，它的意义在于教育。

课后作业：惩罚计划制订三步走

（1）第一步。要让孩子明白自己错在哪里，避免不定罪就量刑，让孩子口不服心更不服；尽量在惩罚的过程中让孩子亲眼看到自己做错事造成的后果，给予最直观的感受。

（2）第二步。惩罚方式要和所犯错误紧密联系，不要为惩罚而惩罚，完全无关的体罚和精神惩罚会激起孩子的逆反心理而不是反思。

（3）第三步。惩罚最好能对事情作出补偿，避免自责、愧疚情绪过分滋长，从而有助于孩子树立有错就改、积极改善事态的精神。

需要一个教育钟

于雪带着孩子去朋友家玩,庆祝朋友的乔迁之喜。

新房子很漂亮,宽敞明亮整洁,细心的主人还买了不少精巧的摆设放置在合适的位置,使屋子更温馨,大家对这一切赞不绝口。

于雪的女儿对这些小摆设特别感兴趣,摸摸这摸摸那。于雪叮嘱她:"别乱碰,小心碰坏了。"

主人笑着说:"没关系,小孩子喜欢就叫她拿着玩吧,哪有那么容易打碎的。"说完又冲于雪的女儿说:"想玩什么自己拿,没关系。"

听了这话,小女孩踮起脚去拿柜子上的一个玻璃贝壳,里边有蓝色的液体和一些彩色小石头,光一照显得玲珑剔透、五彩斑斓,难怪小女孩喜欢。

可是一个不小心,东西从小女孩手里滑了出来摔在地上,贝壳摔得粉碎不说,里边的蓝色液体还溅到了主人家白色的布艺沙发上,浸成了一团蓝色的污渍。

小女孩吓傻了,知道自己闯了大祸,站在那不敢吱声。

"哎呀,你这孩子怎么这么不小心,刚提醒了你,你看看你做的好事!"于雪气急败坏。

"没事没事,小孩子嘛,你嚷嚷个啥。"主人安慰说。

就这么争了一会,于雪的气消了些,于是对女儿说:"算了吧,快给阿姨说声'对不起'。幸好阿姨不小气,不然把你送到动物园关进笼子里。"

之后宾主尽欢,小女孩看看没人再提自己打碎饰品的事,也就渐渐放下心来,不一会就和其他小朋友玩了起来。

不料晚上一回家,于雪就沉下脸:"瞧你玩得那个开心劲,真是没心没肺呢!那个贝壳是人家度蜜月的时候买的,多有纪念意义的东西,你打碎了就说声'对不起'就当没事了,笑得还那么欢……"

女儿顿时感到委屈,眼圈立刻红了。

于雪一看更是气:"我难道说错了你,还有脸哭!"

责骂声和哭声越来越大,这一晚上于雪家注定不会平静。

出色妈妈课堂

于雪应该教育孩子,因为孩子做错了事。

可是孩子也应该觉得委屈,因为在她看来,已经结束了的事情又被妈妈拿出来作为批评自己的把柄,是小题大做。

那么谁错了呢?

答案是时间错了。

孩子不是成年人,他们情绪波动大,相对的记忆力不够好,对事情的轻重不一定有很好的认识,表现出来就是没心没肺。一个错误如果不抓紧时间进行批评处理,那么孩子很容易就认为这件事情已经过去了。旧事重提,当时的轻描淡写变成了批评重罚,对他们来说不能理解也难以接受,委屈是必然的。

而对家长来说,这件事情只是延后处理,当时没有进行批评教育不等于就不用进行批评。由于家长更多地考虑到所在场合,所以很多时候孩子犯错了并不及时处理,而是延后,两者的心理有了时差,对于批评的理解自然会出现偏差,使得教育失去了原有的效果,反而会造成两代人之间的感情隔阂。

因此,教育不但要看场合,也要看看时间。打铁要趁热,教育孩子也是如此。只有当孩子处于愧疚和惊惶时,教育引导才最有效,也最容易为孩子所接受。给自己的教育行为定上闹钟,提醒自己不要因为过分推迟那场批评而导致教育失效。

每天都是新开始

这次期末考试，王小明考得一塌糊涂。

成绩单一拿出来，难看的分数和刺眼的一行字"请家长速联系老师到校面谈"自然引起了一场意料中的风暴。

王小明的妈妈痛心疾首："怎么就这么点分数？我还以为你真的改好了呢。"

原来期中考试全科不及格后，王小明表示自己已经知道错了，以后会发愤图强好好学习。之后，他的确也变了很多，每天回家都做作业温习功课，让妈妈好生欣慰。

可是怎么考试才这么点分数？妈妈很失望，觉得王小明不过是做做样子，装出一副用功的模样，实际上还是那个贪玩好耍的顽皮孩子。

心里这么想，嘴里就念叨开了。

"我就知道你不是真心想读书，人在家里学习，心不知飞哪去了！"

"其实我早就知道不该对你抱什么希望，你看看你从小做过什么好事吗？"

"你的话信不得，以前说不玩游戏了，还不是一样偷着跑出去玩，被老师逮着了我才知道。"

"那次你说你要好好学习，第二天就逃学去打游戏，我就知道这次也一样，光说说而已。"

"从来都是说话不算数，下次干脆别说了，省心！"

……

满屋的抱怨中，王小明抬头看了妈妈一眼，不过刚回家时眼中的愧疚变成了深深的厌烦和疲倦。

出色妈妈课堂

孩子的一切母亲总是记得特别清楚，咿呀学语，蹒跚学步，每一个细节都记得那么清楚。但是用到教育上，却未必是好事。

如果有人总把之前的劣迹拿出来数落，心情会如何，对对方的看法会如何？

如果有人总对你的洗心革面表示怀疑，是不是会觉得气馁呢？

如果有人总用旧眼光看你，是不偶尔会有"我就这德行，做给你看看"的想法呢？

孩子思想不如成年人成熟，心灵敏感而脆弱，遇上同样的事情时，反应会强烈得多。

面对拿着旧事唠叨的父母，孩子首先产生的是厌恶情绪，感觉自己的决心被怀疑，努力被抹杀，和家长的关系产生裂痕。紧接着，父母不断重复的言论潜移默化地影响着孩子，使他对自己产生怀疑，觉得自己的确是不可救药，失去努力的信念，同时也产生自暴自弃的情绪而放弃所有改变自己的行为。

太阳每天都是新的，人生的每一天都是新的，每一天都可以是起点。用老眼光看孩子，把自己的记忆力用在记忆孩子的错误上面，只会使得孩子失去了改变的机会，落得"说你是什么样子，你果真就是什么样子"的结果。

请吃回忆牌药丸

章鸣最近吓得不轻：儿子差一点就进少管所了。

章鸣的儿子刚上初中，长得高高大大的，成绩一直不错，可是前段时间和班上几个学习很差的小混混走得很近，放学也不直接回家，总要在外面玩到八九点才回家。

章鸣叮嘱他："交朋友注意点，小心一失足成千古恨，出点什么事你这辈子就完了。"可儿子却总是无所谓地笑笑："没事，你别瞎操心。"

那天儿子又没回家吃饭，章鸣习以为常，可是八点了，儿子还没回家，打电话不接也不回。

九点了，儿子还是没回家，手机打了无数遍，还是不接。

十点……十一点……章鸣急得坐立不安，手机一响就扑上去，不料却是派出所的电话，叫她去派出所领儿子。

儿子等一群人庆祝生日的时候喝了酒，之后趁着酒意去网吧和另一群小混混起了争执，后来发展到打群架，网吧老板打了110，一群人被抓去了派出所。

见到章鸣时，儿子酒已经醒了，一副被吓着的样子："妈妈，我没打人，我就是在一边看看，我不要进监狱。"

原来打架的时候，有人动了刀子把人捅伤了，据说捅人的要送去少管所。好在很快查明是谁捅的，其余的人都尽快联系了家长接回了家，只是叮嘱家长们要好好教育这些孩子。

经此一事，儿子似乎迷途知返，不再和那些小混混搅和在一起。可是章鸣还没来得及高兴，又陷入了重重忧愁中：儿子再也恢复不了以前那个阳光男孩的模样，总是低着头驼着背，一副小心翼翼的样子，再不然就是突然问自己，"妈妈，你说我是不是坏孩子"或者"妈妈，我是不是以后都完了？"

对此，章鸣非常苦恼，可是又一筹莫展。

出色妈妈课堂

出于禁止孩子做一些事的目的,我们往往会夸大它们的不良影响,对孩子一再阐述这些事情的严重后果,日积月累,孩子的潜意识中对这些后果就会信以为真。当他们一旦真正触犯了这些禁忌,就会背上沉重的心理包袱:我是不是真的是个坏孩子?我这辈子是不是真的完了?

如果不能及时解开孩子的心结,那么孩子很有可能从此变得自卑,甚至躲开人群将自己封闭起来,或者认为自己无可救药而自暴自弃。有时候一失足成千古恨,其实罪魁祸首未必是那次失足,而是失足之后的心理压力。

对症下药,这时候孩子需要的是一颗回忆牌药丸。回忆孩子生命中那些正面的东西,比如他曾经取得的好成绩,曾经得到过的表扬,曾经做过的好人好事……一点一点地回忆,一点一点地搜集证据,一点一点向孩子证明他其实是个好孩子,一次犯错算不了什么,一点点让孩子恢复自信,重新树立起对自己和对未来的信心。

百无一用是威胁

田云到朋友家拜访，不想刚好遇上朋友正在和孩子争吵。

田云正准备劝阻，不料孩子却趁机跑到门外："烦死了，一天到晚唠唠叨叨。我不要你养了，我自己过日子。"

田云的朋友气得跺脚："走，你有本事就走，走了别回来！"

孩子听了这话，头一昂竟然真走了，田云还在那发愣。

朋友对着田云大吐苦水，孩子是如何如何不听话，自己如何如何苦心教育还是没效果，现在竟然离家出走。

田云一边听一边着急："那你还不快去找她。"

朋友叹口气："找什么，吃饭的时候就会回来了，顶多跑到楼下花园。才八岁的女娃娃，就这么大脾气。"

原来就是一场赌气而已。

田云忍不住说起自己的教育经验："要不还是用妖怪吓唬下她？我这招特别管用。只要说我把孩子送到妖怪让妖怪吃掉不听话的孩子，她马上就乖乖地听话。"

出色妈妈课堂

表面上看，田云朋友的教育失败，可是田云的方式就是正确的吗？

对孩子不能采取威胁的方式进行教育，这是教育学家们的共识。一开始，这种威吓会特别有效，但是一旦孩子发现父母并不会真正履行他们所说的话"不要你了""再也不理你了"时，这些话就失去了效果，反而会使孩子觉得爸爸妈妈说话都不算数，从而产生"都是假的我不怕"的想法，变得更加大胆顽皮。

甚至一些孩子还会利用家长不断升级的威胁来试探家长的底线，以确定自己到底可以做多么出格的事情。当威胁不断升级，孩子也习惯被威胁后，他们会觉得世界上无可惧怕，根本没有什么可以约束他们的事情，包括法律都可能失去了威慑力，于是开始尝试挑战社会规章制度和道德底线。

与此相反，面对家长的威胁有一种孩子会走向另一个极端，田云的孩子就是一个例子。这种孩子天生比较胆小，家长的威胁会使得他们非常没有安全感，希望用自己的行为来减少那些虚构的威胁。

但是家长一旦习惯了使用这威胁教育，这类孩子就会常年生活在威胁中，轻则担心身边的风吹草动，无法集中注意力，性格发展不够健全，重则因为严重的不安感产生幻觉，因无法抑制的恐惧产生悲剧。

第五章　孩子要长大

　　时代不同，见解有别，立场各异、代沟呈现，随着孩子的成长，思想的分歧冲击着原本和谐的亲情。母亲们惊呼："孩子长大了，不听话了！"

　　孩子却在喊："我也要长大！"

　　固执己见，只会让受到损害的关系雪上加霜。何况，你为孩子好所做的一切，真的就对他好吗？

　　争论并没有太大的意义，对和错并不是每时每刻都凌驾于一切之上，敏感时期我们更需要宽容、理解和尊重，如何化解矛盾才是重中之重。

　　给他教导而不是命令，给他机会而不是代劳，面对成长中无法回避的问题，我们要学习如何让孩子一点点描绘出自己的天空，用成熟代替稚嫩，以出色打破平庸。

背叛有时候等于尊重

明天是女儿的毕业典礼，包莹拿出精心为女儿准备的礼物：一件漂亮的红色连衣裙。这条连衣裙价值不菲，同样价钱的衣服包莹自己都要犹豫再三呢，可是想着女儿青春活泼穿上这样鲜艳亮丽的裙子参加毕业典礼，在记忆中留下美好的一刻，再贵她也舍得。

可是包莹却没有听到女儿的道谢，也没有看到女儿惊喜的笑容，更没有发现女儿的感动。面前的女儿一脸为难，皱着眉说："妈，我已经挑好衣服了，穿那套黑的。"

包莹知道女儿所说的那套衣服，黑风衣加黑色铅笔裤，完全是为自己度身打造，哪适合青春少女？她真搞不懂女儿怎么想的。

发现女儿不如自己想象中的那样激动，包莹有些失落，想不到女儿接下来的话更出乎她的意料。

"妈，以后买衣服还是带我一块去吧。你都不知道我喜欢什么，现在谁穿一身红啊，一点都不酷，又不是封建时代穿红吉利，花钱买这些衣服多浪费……"女儿絮絮叨叨地说着，裙子放在一边她看都不看。

包莹看着说个不停的女儿，觉得自己好像是个遭到背叛遗弃的人，那个曾经喜欢将自己打扮得像个洋娃娃的乖乖小女儿，已经抛开自己远远地飞走了……

出色妈妈课堂

包莹遇到的烦恼，是很多母亲将要遭遇或者正在遭遇的：孩子思想独立带来的背叛感。

曾经对自己言听计从的孩子突然有一天不再把自己的话当做金科玉律，自己珍而重之的经验和感情被不屑一顾，许多母亲都无法适应这种落差，觉得孩子不再对自己依恋尊重，自己在孩子心中的地位遭到动摇，于是产生被遗弃和背叛的感觉。

孩子不可能永远停留在身体和精神都依赖母亲的孩提阶段，成长必然会带来精神的独立。对事物有自己的见解不等于对母亲的背叛和遗弃，而是孩子成熟的标志，应该值得庆贺和欣喜。从这一点出发思考问题，是母亲们必做的功课。

另外，孩子能对母亲坦诚自己的见解，是对母亲的尊重和信任。如果利用家庭地位权威对孩子的意见予以打压，或者进行感情敲诈强迫孩子同意自己的意见，只会让孩子觉得反感，从而关闭对家长敞开的心扉。

因此，在面对孩子和自己的分歧时，除了震惊和失落之外，应该鼓励孩子照着他的想法去做，培养他养成独立思考和处理问题的能力，不要因为处理不好自己的不良情绪而扼杀孩子独立性的萌芽。

最好的品德

雷蕾一直羡慕大表姐的女儿，小姑娘特别活泼，嘴甜人乖巧，无论和谁都能很快熟识起来。什么时候都落落大方，无论是叫她唱个歌还是跳个舞，绝不扭扭捏捏。

这样性格的孩子才可爱，以后长大了也容易成功，雷蕾一直希望自己的女儿也像外甥女那样。

可是偏不凑巧，雷蕾的女儿是个文静内向的孩子，到了人多的场合就沉默，一有机会就躲到屋里看看书玩玩电脑，叫她表现一下才艺也死活不肯，有时候说话直肚直肠让别人下不来台，真让雷蕾觉得没面子。

除了觉得没面子，雷蕾更担心的是女儿长大后会情商不足，在人际交往上面吃亏。要知道现在社会成功人脉可是关键，像自己女儿那样怎么行？

于是雷蕾决定帮助女儿培养开朗的性格，锻炼和人相处的技巧。可是几番努力下来，效果寥寥不说，母女俩还有了矛盾。

雷蕾对丈夫抱怨，说自己一番好心，女儿就是不领情，开始还只是抱怨几句，后来跟她出席各个场合的时候干脆拉着脸，自己花钱给她报的口才班她也找借口逃课。

另一边女儿也和爸爸诉苦，说妈妈这段时间老是带她去一些很无聊的聚会，那些人她不认识也没兴趣认识，谈的都是自己不感兴趣的话题，还总把自己当小孩子。那些骗钱的培训班自己也没时间没精力应付。

一时间，家里怨气弥漫，母女俩要么不说话，要么不管什么话题都能扯到这上面来。雷蕾的丈夫被夹在中间当磨心，也是苦不堪言。

出色妈妈课堂

世界上没有绝对的美，有人喜欢苗条清秀，有人喜欢丰盈美艳，这个道理一样适用于孩子的个性品德。

雷蕾女儿的确不是个外向开朗的女孩，但这并不代表她就不好，就一定需要改变。文静内向的女孩也不乏人欣赏，同样不代表活泼的女孩就不招人喜爱。社交场上，八面玲珑可以左右逢源，率直真诚也可以换来真正的欣赏和友情。对孩子来说，并没有一个固定的标准来给他们的个性品德打分，也不必订下一个模子要求他们为性格定型。

像雷蕾这样一定要把女儿的性格往完全不适合她的方向培养，只会引起女儿的厌烦，浪费双方的时间和精力。在管理学上，最适合的方案就是最好的，那么在教育上，我们是不是也可以借鉴一下，给孩子自由，向着越自然越适合自己的方式去发展呢，让他们创造出属于自己独特的"出色"呢。

出色的妈妈是"笨蛋"

谁都夸陈薇薇是个能干的人，绝对的有头脑、有本事、家内家外大事小事全靠她一个人打算计划，连在公司独当一面的丈夫回到家都变成乖乖的小绵羊，和儿子一样事事听她的指挥。

在外人看来陈薇薇的幸福几乎完美，可是陈薇薇也有烦恼：儿子上高中了，生活几乎不能自理，说话做事都和小孩子似的，没一点自己的主意，哪像个小男子汉啊。

下学期读高二要文理分科了，陈薇薇一家晚饭后为这事展开大讨论。

说是讨论，其实是陈薇薇的个人演讲。

"男孩子当然读理科比较好，以后学门技术，荒年饿不死手艺人嘛。"陈薇薇说。

"不过现在的形势是管理人才发展比较好，要不还是读文科，在人文上多累积点东西？"陈薇薇又换了个想法。

"可是管理啊营销啊，都有点虚虚的感觉，总没有技术那么让人感觉踏实……"陈薇薇又换个主意。

正发愁呢，看见了坐在沙发上看电视的儿子，聚精会神的样子看得出对自己正焦心的事情一点不关心。

陈薇薇有些生气："你要读文科还是理科，吭声啊。"

儿子回过头："随便。"

"随什么便，我怎么知道你喜欢文科还是理科？"

"都行，你说选哪科都行。"

"怎么能都行呢，肯定有个适合，有个不太适合，关系着你的将来，你这孩子怎么就一点不上心？"

"你选就行了，你觉得哪个好就选哪个。"孩子不耐烦地说完又把注意力集中到了电视屏幕上。

"我选我选，什么都要我来。你都快高二了还这个样子，以后怎么过日子！"陈薇薇有些火了，她就不明白：为什么能干的自己，就生了这么个笨儿子呢。

出色妈妈课堂

有一个有趣的现象：一个家庭里，妈妈非常能干的话，孩子往往生活能力和独立精神就没那么强，但是妈妈没精力管那么多的话，孩子则会比较独立能干。

这种现象被称为家庭互补性格。

虽然孩子会在思维方式与性格上倾向于父母，但是一个家庭内事情只有那么多，当母亲过分强势的时候，就会不自觉地包揽更多的事情，使得孩子失去了锻炼的机会，并且习惯由别人来处理问题。文中的陈薇薇虽然表面上责怪孩子不会独立思考处理问题，但是在面对问题的时候，她并没有把选择的权力在第一时间交给儿子，而是自己进行思考和分析，实际上是剥夺了孩子思考和分析的机会。常年如此，又怎么怪得了孩子不会处理问题也习惯了不去处理问题呢。

相反，当母亲比较"笨"的时候，孩子没有别人为他出谋划策，没有人为他作出决定，不得不自己面对问题，自己去分析前因后果，比较种种方案的优劣，并且为自己的选择担起责任。随着时间的推移，不但处理问题的能力更强，也会更具有独立性，更能积极地面对生活中的问题而不是逃避，真正长大成人让父母放心。

成长需要犯错的机会

今天不是节日，也不是谁的生日，却是王清家里值得庆祝的大日子。因为今天是王清儿子担任厨房大采购的第一天。从今天起，每天吃的菜都由王清的儿子放学后买回来。孩子能为家里做事了，哪位父母不感到欣慰呢，于是王清准备好好做上一大桌菜，不辜负儿子从菜市场汗流浃背买回来的那么多东西。

一顿饭吃得大家都很开心，不料事情却有了个不够完美的尾巴，在记账的时候，王清和儿子为了菜价闹得不愉快，儿子的采购员资格还被取消了。

饭后，王清拿出记账本准备记录家里今天的开支，菜钱自然是重头戏。

"肉，一斤十五块，买了三十三块钱的。"儿子掰着指头报数。

"十五块？"王清停下笔，"可你今天买的肉那么肥，也要十五块一斤？那可是精瘦肉的价钱！"

儿子无辜地摊摊手："可是我问多少钱一斤，人家就是这么告诉我的。"

"人家告诉你你就买啊，买菜要讲价的。何况肥肉便宜瘦肉贵你不知道吗？怎么不多问几家再买，人家是看你小哄你呢。十五块，哼！"

儿子变得不自在起来，嘟着小嘴继续报今天买的东西，结果王清一听，发现几乎所有的菜儿子都买贵了至少五分之一，而且一检查，好多菜都不够新鲜。

"算了算了，明天不要你买菜了。这么下去我们家非穷死不了。"王清不顾孩子委屈失望的目光，把记账本一合："等你会买东西了再买吧。"

出色妈妈课堂

王清要儿子会买东西了再担任厨房采购员，可是孩子什么时候会有那天呢？没有实践机会的他即使知道了买菜要讲价要货比三家，可是缺乏一次次实践累积起来的经验，他又怎么辨别这些原材料的好坏，买到真正价廉物美的东西呢？

比起孩子，母亲自然是经验丰富聪明能干，所以在她们眼中觉得简单的事情，对孩子来说未必如此，他们需要慢慢学慢慢实践才能做好这件事。在这个过程中他们由于经验不足自然会有犯错的可能，那些小错误对母亲来说实在是不该犯的，于是不耐烦的情绪使我们焦躁地收回孩子的权力，由自己来尽快完成这件事情。

的确，事情在母亲手里是又快又好的完成了，但是孩子却因为没有足够的锻炼机会而永远无法真正地掌握这门技能。经验都是教训换的，一个人不犯错又怎么可能得到教训，更无法从教训中总结经验，身体成长，心智却得不到相应的成长。

这样的结果不是家长们乐于看见的，因此我们不妨给孩子犯错的机会，让他们在蹒跚中学会走路，在跌倒中学会爬起。歌里唱的是"该出手时就出手"，作为母亲，也要学会"该放手时就放手"哦。

压力，一点点就够

张婷出自生意世家，又嫁了个做生意的丈夫，满门的生意都需要人继承。于是她早早地就规划好了：儿子小学送私立贵族学校，打好基础尤其是英文，顺便培养一点点人脉的根苗；中学到重点中学，老师管得严学校风气好，免得孩子在青春期学坏；大学当然要去国外商学院读，最好拿个MBA，学点一流的管理思想以后帮忙打理家族生意。

除了这个梗概，张婷还有数不清的计划：礼仪啊、做人啊、穿衣打扮啊……连朋友都笑："你这是培养儿子呢，还是培养哪国的皇位继承人啊。"

的确，张婷对孩子要求很严，不只是学习要一流，平时的言行细节也非常挑剔，要求儿子一举一动都呈完美状态。

儿子快过生日了，周末一家人上街购买生日宴会应用的物品，中午在餐厅用餐。进门时，他们碰见了熟人闲聊了一会，熟人离开后大家刚坐下，张婷就数落开了："刚才你的表现不够好，知道吗？叔叔问你话，你只用'是'和'不是'回答，显得非常不礼貌。后来说的几句话也没有热情，脸上也不笑一下，人家会觉得你是在敷衍他，对你就没好感。要是你一直这样，怎么能够培养得起人脉，以后我们能放心把生意交到你手上？"

"吃饭吃饭。"丈夫打圆场。

不料吃饭的时候张婷又开始挑刺，一会儿是吃饭速度太快一副常年吃不饱饭的模样，一会儿是盛汤的姿势不对……反正一顿饭下来，张婷的嘴就没停过，儿子默默吃饭，不是点头或者发出"嗯""啊"的声音表示自己认错受教。

孩子还算听话，这点张婷比较欣慰。不料就在生日宴会当天，迟迟没见儿子换衣服好出来迎接客人的张婷跑到儿子房间，却发现空无一人，只有一张纸条：妈妈，我累了。

张婷看着字条，呆立在当场。

出色妈妈课堂

　　对孩子没有要求，孩子就像没有园丁栽培管理的树木，可能长歪，可能长不壮，可能长得不成材。但是对小树苗处处束缚，也会影响它们发育成长，使它们长得不够高大，枝叶不够茂密，甚至无法存活。

　　适当的压力是动力，但是过大的压力就是孩子生命中无法承受之重。他们没有成年人的心理承受能力，无法及时进行自我减压和自我激励，面对时时刻刻都存在的苛刻要求，觉得自己做不到产生自我怀疑、长期面对压力的疲倦、害怕不能达标的恐惧，都会蚕食孩子的心灵甚至造成精神创伤。

　　由于这类家长管束较严，孩子平时表现往往很听话，不会做出反抗的举动，容易被忽略他们已经存在了心理问题。当压力累积突破了临界点的时候，平时抑郁的心情就会爆发，大家眼里一贯的乖孩子可能会做出让人完全无法想象的惊人举动甚至造成严重后果。

　　所以，望子成龙的妈妈们，不要以为孩子没有抱怨没有反抗就是一切顺利，小心这是暴风雨前的平静。

随堂测验：你是压路机妈妈吗

　　对孩子是不管不问的放任型，还是宽严有度的理性型，或者散发的压力源源不绝，孩子已经快被这压路机碾平了呢？小测试告诉你答案。

　　面前有一个水晶瓶子，你觉得里边插上下列哪样东西最般配？

　　A. 鲜花

　　B. 绢花

　　C. 干花

　　（1）A——理性型妈妈。对孩子的教育非常理性，给他的压力轻重适当，能够培养起他的责任感引导他前行，又不至于让他不堪重负。面对约束自己的要求，孩子抱怨一下非常正常，不必担心是你的问题，保持你的教育风格就好。

　　（2）B——压路机妈妈。你是个多梦的女人，对孩子的未来抱有很大的期望。望子成龙无可厚非，但是把梦想转化成压力，孩子幼小的心灵未必能够承受。即使如你所愿，孩子的童年欢乐也将成为牺牲品。真的有必要给孩子这么多压力吗？蛮干不如巧干，有时候宽松一点，孩子反而会回报更多的惊喜。

（3）C——放任型妈妈。你非常感性，对事物有着独特的见解，骨子里带着一份潇洒。但是这种态度放到对孩子的教育上，稍有不负责任的嫌疑。适当地给予孩子一些引导和忠告吧，毕竟你的经验可以让他少走许多弯路和歧路。

让他自己做决定

赵嬛的儿子要参加演讲比赛，回家就犹豫：到底是采用抛出前卫观点激情演绎争取同学们的支持，还是以从容不迫有条有理的理性阐述赢得评委的好感呢？虽说学校这次大赛是模仿了超级女生的全民参与风格，同学们可以投票选取自己喜欢的演讲者，但是评委打分依旧占有压倒性的比重。两者的喜好侧重点截然不同，鱼和熊掌不可兼得，儿子犹豫不决。

赵嬛看见儿子唉声叹气一副愁眉苦脸的样子，忍不住插嘴说："你喜欢哪种风格就用哪种风格行了，别想太多了。"

"我当然想来场带劲的演讲了，可是那些老古董肯定不喜欢，我就拿不到奖了。"儿子嘟囔着。

"没关系，只要尽力就好。自己不喜欢的风格肯定演讲不好，一样拿不到奖。"赵嬛鼓励儿子。

儿子点头："就听妈妈的。"然后又看了赵嬛一眼："拿不到奖不要怪我哦。"

可惜天不遂人愿，儿子不但没拿到奖，还被评委做大赛总结的时候不点名地批评了，说他观点偏激，有哗众取宠的嫌疑。

回到家儿子非常委屈，小眼红红的不肯吃晚饭，赵嬛好言安慰他，说些得奖第二锻炼第一之类的话，不想儿子大声冲她喊："你还说，都是你！要不是按你说的做，我肯定能得奖。现在好了，还被老师批评！讨厌你！"

看着儿子这样，赵嬛有些自责，觉得自己做错了事。

出色妈妈课堂

赵嬛应该对儿子的失败负责吗？不应该，她只是说出自己的意见并且鼓励儿子而已，她现在的感觉自己应该承担的责任不是她应负的，而是儿子推给她的。

孩子遇到了伤脑筋的事情，母亲自然希望自己能够帮得上忙，可是在提供意见的同时，却给了孩子一个推卸责任的借口：我遵照你的意见行事，成败都是你的责任，不关我的事。

　　一个人遇事犹豫得越多，说明他的决断能力越差，潜意识中希望能够逃避承担失败的责任。尤其是孩子在成长的过程中，承受能力和判断能力都较弱，遇到的问题和需要承担的责任可能都是自己之前所未遇到的，当心目中的权威人士、家长提出参考意见的时候，他会习惯性地认为自己只需要照办即可，实际上就是放弃了自己判断决定的锻炼机会，也推卸了自己应该承担的责任。

　　母亲为孩子提供参考意见无可厚非，但是在提供意见的时候，一定要注意言明这些意见只供参考，不是命令也并不是非要孩子这么办，督促孩子自己作出决定，以免在不经意间让孩子养成依赖别人和推卸责任的习惯，在成年后不能拥有等同的判断力和决断力。

孩子自信需要母亲的信心

张强和章强是好朋友，在他们身上有太多巧合，让人觉得不做朋友都辜负这缘分：姓名同音不同字，同班同学，又同时报名参加了同一家绘画培训班。

这天绘画培训班老师告诉两人一个消息：市重点中学准备招一批艺术特长生，准备在不久后的青少年画展中挑选几名。老师说自己觉得章强和张强都很有潜力，叫他们回家认真准备作品，下周把作品和报名费交过去。

张强回到家说了这个消息，妈妈非常高兴："有这样的机会真好，你好好准备。"

张强犹豫说自己不是很有信心，万一落选很丢人，妈妈则鼓励他："妈妈相信你能成功。老师不是夸过你对色彩感觉很好吗？只要用心，一定没问题。"

章强回到家，兴冲冲地向妈妈说老师叫他参加画展，妈妈噗一声笑了："真的假的？就你画的画也能参加画展？不是骗我的吧。"

章强不高兴了："老师说我的线条和配色都是班上同学里数一数二的。"

"什么配色线条，就是哄你们开心交报名费而已。不说了，准备开饭。"妈妈转身进了厨房。

"那我要不要参加啊？"章强赶着问。

"你想去就交吧，无所谓，当玩玩嘛。不过我可不去看你那个画展，跟别人的画一比，丢死人了。"

一周后，张强把作品交给老师的时候，连老师都夸他超水平发挥。而章强呢，却两手空空地对老师说觉得自己水平不够去了丢人，干脆不参加了。

出色妈妈课堂

由于对世界处于逐渐了解、慢慢确立自我认知的阶段，孩子往往难以对事物作出恰当的判断，所以来自亲人的意见对他们的认识有着举足轻重的作用。

在认识自己上也是如此。教育学家陈鹤琴曾说过"小孩子喜欢夸赞"，这一行为的实质是希望得到家长的肯定而树立对自己的信心。如果家长不断给予鼓励，挖掘和肯定孩子的优点，使他们不断累积积极的情感体验，那么孩子也会通过这些信息完善对自己的正面认识，从而确立起信心和积极的人生态度。

相反，如果父母一直给孩子打击，即使是无意的玩笑也有可能伤害孩子敏感的心理，负面信息的灌输会造成他们对自己的负面认识，从而对自己不够自信，开始无意识地逃避遇到的挑战，从而丧失不少人生的机会。不断地放弃和失败又会强调孩子对自己的负面印象，从而进入恶性循环。

由此可见，孩子的信心和父母对孩子的信心是分不开的。种瓜得瓜，种豆得豆，如果你希望有一个积极自信的阳光孩子，那么首先请表现出你对孩子的信心。

课堂笔记：孩子自信的三大杀手和三大良医

杀手	良医
过高要求。对孩子要求过高，使他们成功的概率变小，常年处于失败的打击中，会毁掉孩子自己	适当要求。让孩子能不断达标，从大大小小的成功中学会肯定自己
过度保护。让孩子远离危险，也剥夺了孩子尝试和努力的机会，只会培养出遇事畏缩的胆小鬼	鼓励尝试，勇于面对挑战，本身就是自信的表现。每一次能够站出来的勇气都来自于孩子自信的增加
横向比较。总把自己孩子和别的孩子比较，为孩子树立榜样，实际上这样会让孩子产生自己不如人的心理阴影	纵向比较。只要孩子和过去相比有进步就予以肯定，让孩子觉得自己的努力没有白费，从而对靠自己的努力开创更好的未来充满信心

让孩子小小地享乐一下

"宝剑锋从磨砺出，梅花香自苦寒来。"这句话是宋燕的座右铭，也是她对孩子教育的宗旨。

看多了小虚荣女生为了一些物质享受上当受骗毁了自己的一辈子，宋燕感慨之余不禁忧心：自己的女儿今后会不会也误入歧途，输掉一生的幸福？

所以她对女儿从小就非常严格，虽然家里经济条件不错，但女儿的衣食住行都非常朴素，甚至在普通水准之下。玩具啊，小女孩喜欢的饰品啊，好吃的零食啊，她一概不给女儿买，害怕她享乐成性以后会贪图享受做错事。

不料那天宋燕女儿的班主任来电询问她是否给了女儿很多零用钱，在宋燕否认后便叫宋燕来学校，说有非常严重的事要和她谈谈。

原来一向朴素的宋燕女儿今天突然变得非常大方，买了许多昂贵的进口零食来学校，并且分给同学们一起吃。一连几节课都有任课老师来班主任这告状说有同学上课吃零食，班主任一查，这些零食都是宋燕女儿供给的。而问宋燕女儿的时候，她一会说零食是亲戚送的，一会儿又说是用压岁钱买的，最后改口说是妈妈给了很多零用钱，引起了班主任怀疑，认为这钱可能来路不正。

看着妈妈也来了，宋燕女儿知道自己没法抵赖，于是承认自己对班上有些同学吃的进口零食很好奇还有点羡慕，于是偷拿了家里的钱买零食的事。

宋燕又是生气又是困惑。气的是女儿竟然学会了偷钱，困惑的是女儿一直生活朴素，为什么会羡慕进口零食，甚至都要尝尝偷钱呢？

出色妈妈课堂

不少人认为一直生活在朴素平淡的环境中，人就不会产生太多的物质欲望。但清心寡欲是有条件的，就是他们一直不会接触到更多更好的事物，当诱惑出现的时候，即使环境不同，人的心理一样会产生变化。

鲁迅先生说得好，一个人这方面想得多了，那方面就想得少了。但是一个人是在某方面得到满足的时候是对这方面想得多呢，还是一直缺乏某方面的满足而对这方面想得多呢？像宋燕这样过分"苛刻"地对待孩子，反而容易引起孩子对物质的好奇和期盼，甚至为了满足这份好奇和期盼而犯下错误。

在我们的传统文化中一直有"女儿要富养"的说法，其意义就是适当给予孩子较高的物质待遇，增强孩子的眼界和心理承受能力，以免他们对花花世界的物质诱惑缺乏抵抗力。不光是女孩，男孩也一样。只要人一直在处于对某种东西的期盼羡慕状态中，长年累月很可能就会成为一种病态的饥渴，在这种饥渴心理下一时冲动做错事就可能一失足成千古恨。

虽然过分溺爱孩子让他们在物质享受中迷失自己成为"小霸王""小皇帝"是一种错，但也不可矫枉过正，适当地让孩子享乐，反而有助于孩子树立正常健康的心态。

课后作业：出色的孩子需要享乐

如果同龄人中大多数都拥有某样物品的时候，主动配给孩子这样物品；
孩子因为自己的爱好而非常需要或者渴望某样东西的时候，满足他；
维护孩子在朋友们中的面子，因为你维护的不是他的虚荣而是自尊；
当孩子中风行某样物品的时候，不要深究这种流行的意义，买给他；
偶尔带孩子去高档餐厅饭店，教给他基础的餐桌礼仪，提高他的品位；
如果孩子需要某样物品才能参加集体活动，支持他；
主动送给孩子一些精巧新奇的小玩意，给他们惊喜；
不铺张浪费但培养孩子纪念生日的习惯，让他学会好好对待自己。

真选择，假选择

杨菲的儿子最近开始争取家里的政治地位，在晚餐桌上频频呼吁要参与家里的"决策"，小到今晚吃什么，大到他自己并不太懂得的东西——例如家里的一笔闲置资金到底是买理财产品还是再购置一处房产。

对于儿子这种长大的表现，杨菲自然是高兴的。可是对于孩子的要求，她却感到左右为难：如果不答应肯定是扫了儿子的兴，打击了孩子的积极性，甚至可能留下心理阴影；可是答应他的话，就不可以忽视他的意见。如果真有什么事他童言无忌乱说话，自己不按他说的做肯定会让孩子觉得自己在欺骗他，说了让他参与决策却不听他的意见，可是答应他那些异想天开的想法，那可是要出大乱子的。

她把这些担心讲给丈夫，想不到丈夫笑了："我有办法。"可杨菲问他是什么办法，丈夫却但笑不语，卖个关子。

第二天吃完饭的时候，丈夫宣布家庭决策委员会正式成立，委员长是儿子，副委员长是杨菲，秘书长是自己。儿子听到自己官职最大，满意地笑了。

委员会要处理的第一件事就是外婆过生日的礼物问题。儿子积极地说买一个熊猫的毛绒玩具，《功夫熊猫》里边那个阿波，外婆一定喜欢。同时儿子还顺带提议外婆过生日那天去肯德基，保准好吃，保准好玩，保准热闹。

老人家会喜欢现在孩子的流行？对儿子的这个提议杨菲可不敢恭维，可是怎么解释才能让孩子明白这一事实呢？杨菲正打着腹稿，希望又能说服孩子又不至于打击到他。

这时杨菲丈夫开口了："功夫熊猫很不错啊，我也喜欢。肯德基也挺好吃的。不过我有另外一个提议，大家周末到度假村去住两天，让外婆好好玩玩。"

现在有两个提议，于是丈夫提议举手表决，这样最公平，儿子也同意了。杨菲当然支持丈夫的提议，投票结果二比一，儿子的提议落选。不过这样的公平投票下，儿子倒也不太失望，反倒积极表示决心："下次我一定想个好点子让你们投票给我,全票通过!"

听着儿子的话,杨菲笑着望向丈夫,一个难题终于解决了。

出色妈妈课堂

为了让孩子得到更多的锻炼机会,帮助他们树立信心,家长应该鼓励他们去尝试对事情作出自己的判断,让他们拥有一定的选择权。但是选择权该多大,会不会失控造成不良后果,却是很多家长担心的事情。

直接调控孩子选择权的范围,过于生硬并不能使孩子心服口服,一个表达不当还容易使孩子有"你们还是想管着我"的想法,造成情绪上的抵触。隐形地调控,既满足孩子的成就感和独立要求,又不会使事态发展超出把握,是两全其美的折中之道。

> **课堂笔记:三种最棒的隐形调控方式**
>
> 方式一:公平投票。孩子只有一票,在他的意见太过突兀的时候,父母联合起来就可以让他的选择权失效。
>
> 方式二:有限选择。让孩子进行选择,但由你提供选项。只要每个备选答案都由你精心制作,那么无论孩子怎么选一切都在你的掌控之中。
>
> 方式三:信息诱导。对于孩子不了解的区域,孩子所知道的一切信息都由父母提供。对孩子有足够了解的你,大可以根据孩子的性格有选择性地提供资料,诱导他作出正确决定,却又让他认为一切都是经由自己判断得出的最佳答案。

让性问题不再尴尬

前段时间康思干了件糗事：以为孩子补课要很晚回来，结果补习班的老师生病延期上课，儿子提前回家恰好撞上康思和老公在客厅亲热，场面真是尴尬。

不料从那时起，孩子就变得怪怪的，老是阴沉着脸，回家也不说话，不久竟然被发现偷家里的钱。这下康思急了，连忙带孩子去看心理医生。

医生听完康思的叙述后，没有立刻进行教育，倒是约康思下次一个人来咨询。

结果康思第二天一个人来的时候，医生反反复复问她平时对孩子进行性教育的情况，弄得康思一头雾水。

在医生叮嘱她尽快给孩子进行正式的性教育，并且改变在孩子面前对性的态度。康思终于忍不住了："医生，这些东西跟我孩子有什么关系？他现在是偷东西，不是早恋，更不是和女生做了什么坏事。"

医生严肃地看了康思一眼："做坏事？你的意思是进行性行为吧。如果你继续采用这种说法，那么你的孩子不仅不会改正偷东西的行为，甚至可能做出更严重的事情！"

医生向康思解释说，她的孩子现在的表面行为是偷窃，但是问题的根源却在性教育。

由于康思一直以来没有对孩子进行正确的性教育，种种表现容易让孩子认为性是污秽的东西，和它沾边的都是丑恶的。当他目睹自己心中最亲最尊敬的人也会做这种事情后，他无力承受和消化这样的打击，认为自己出生在这样的家庭，有这样的父母，甚至觉得自己是因为这样的行为才得以出生而自暴自弃，做出他认为相"匹配"的行为——盗窃。

听了医生的话，康思目瞪口呆，她怎么也想不到孩子变坏竟然和自己错误的性教育有关。

出色妈妈课堂

性，千百年来一直是国人羞于谈论和正视的话题；然而性教育却是亲子教育中无法回避的一环。

出于传统文化的影响，大多数家长不会主动和孩子谈起这个话题，甚至在孩子主动问起的时候敷衍、逃避或者训斥孩子。

但是在这个四处都是信息的世界里，孩子不是生活在真空中，当他们从不正确的渠道得到不完整、夸张和错误的信息时，加上父母的态度，就会对性产生误解。

一种常见的误解如上文中康思的孩子所产生的一样，认为性污秽丑恶。当他在生活中遭遇性有关的问题时，就会处理失误，自暴自弃。

另一种常见的误会则是外界失真的信息使孩子对性加倍好奇，加上青春期性意识萌发，则可能为了满足好奇心进行性的相关行为。由于缺乏正确的引导，这些行为可能伤害孩子自己，或者使他们误入歧途。

大禹治水，是疏不是堵。性教育，也是家长不应该回避，而应正确面对的问题。性的第一课，由最亲的父母教授对孩子的意义不可估量。正确的教育，正确的态度，才会给孩子正确的认识，让他们在人生的道路上作出正确的选择。

课堂笔记：出色性教育对照表

年龄	应该达到的程度
3岁以前	知道爸爸妈妈进行性行为才生下自己，认为性行为是圣洁、正常的行为
4～7岁	知道男女身体的不同，明白性爱和生殖的简单过程，知道相关的科学名词
8～12岁	明白男女第二性征和发育差异，教育重点是月经、遗精、自慰等
13～18岁	对性爱和生殖做较深的阐述，进行相关的卫生教育如身体的自我检查，和安全教育如避孕、对抗性骚扰等

感受另一种生活

李琴身体不太好，生宝宝的时候更是经历了九九八十一难，最后女儿还是早产，放在保温箱几周才算脱离了危险期。因为先天不足身体弱，婴幼儿时期要得的病女儿一个没漏，身体一直弱弱的，所以李琴就特别疼爱这个多灾多难的女儿，把她当小公主一样宠爱。

可是这也养成了女儿公主般的脾气：衣服旧了一点点就不肯穿，东西坏了一点就要丢，吃饭的时候挑三拣四，动不动就浪费。不管李琴怎么教育，女儿还是老脾气，最多对着李琴撒娇说以后不浪费了，之后还是一切照旧。

这天女儿吃饭的时候又撒了不少米粒在桌上，李琴问她不是刚学过"谁知盘中餐，粒粒皆辛苦"，怎么还不珍惜粮食。想不到女儿嘴一撇："那都是古时候的事情了，现在科技这么发达，怎么可能还有吃不饱肚子的事。"

李琴又跟她讲了不少山区同龄小孩吃不上饭，读不起书的事，女儿还是认为那是妈妈吓唬她，嬉皮笑脸地说笑着，挑挑拣拣吃完了饭。看着女儿那副没心没肺的样子，李琴实在担心"不食肉糜"的笑话会在女儿身上重演。

不久李琴帮女儿报了一个夏令营，不过这次不是去游山玩水，而是去山区希望小学进行交换学习。虽然担心女儿适应不了艰苦的山区生活甚至生病，可是犹豫再三后，她还是咬牙作了决定。

两周后，变得黑黑瘦瘦的女儿回家了。李琴心痛之余，也欣喜地看到了女儿的另一种变化：女儿不再那么挑食了，反而时常念叨"那些山区的同学都没吃过这个""那些山区的同学都没有这种衣服"，还收拾了不少自己喜欢的东西要李琴帮忙寄给夏令营时认识的伙伴。

出色妈妈课堂

父母不希望自己的孩子变成小公主或小皇帝，但是有时候成为小公主和小皇帝，并不是他们的本意。

虽然父母一直进行着正面的教育，但是当孩子所处的环境反馈给他的所有信息都和父母的说教相反的时候，单纯的说教就显得毫无说服力，甚至会被孩子当做玩笑而忽视，而父母过分强调节约则会引起孩子的抵触，认为父母过分苛求自己。

耳听为虚，眼见为实，真实给予孩子的震撼力是多少言辞都比不了的。把孩子带到另一种环境中，让孩子体验另一种生活，让他明白在经济不发达地区物质的欠缺，从而懂得节约和珍惜的意义，是教育效果最好的方式之一。

课后作业：体验教育

（1）为孩子报名参加相关夏令营和活动，体验另一种生活。
（2）购买相关书籍和音像制品，让孩子可以方便地了解另一种生活。
（3）和孩子一起参加公益活动，为山区孩子做点事。
（4）和孩子一起收拾整理旧物，邮寄给需要的人。
（5）鼓励孩子交一个山区同龄人笔友。
（6）仿照贫困地区做一餐家常饭给孩子吃。

玩物一定丧志吗

毛玲和儿子大吵了一架，因为她趁儿子不在家的时候送走了所有儿子养的鸽子，只留下一只炖了汤。

毛玲觉得自己一点都没做错，玩物丧志可是句老话，自己可不能眼睁睁看着儿子走上这条路。

自从暑假自己买了只鸽子回来养着准备炖汤，儿子就对鸽子发生了兴趣，不但天天回家第一件事情就是跑去阳台看鸽子，还买了不少关于鸽子的书看。

之后一发不可收拾，儿子迷上了养鸽子，花光了自己所有的积蓄买了三对鸽子养着，每个月的零花钱也几乎全花在买饲料和相关物品上，还参加了什么信鸽协会，开口闭口都是要养出自己的优良信鸽。

毛玲看儿子着迷成这个样子，十分担心他因此荒废学业，几次劝阻儿子不听，因为儿子觉得自己的成绩和以前一样顶呱呱，凭什么因为担心他荒废学业就不准他养鸽子？

为这事母子俩闹了好几次别扭，这次毛玲干脆趁儿子不在家的时候把所有鸽子都送给亲友炖汤。

儿子又是伤心又是生气，那些鸽子可是他亲手养大的，还寄托着他的信鸽梦呢。妈妈不管自己的想法一意孤行，根本不尊重自己的意见和感情。

看着儿子气鼓鼓的样子，毛玲也觉得生气：我是为你好呢你还不领情，摆脸色给谁看呢？

两人谁都不主动和对方说话，竟然就这么冷战下去了。

出色妈妈课堂

谁都希望自己的孩子是个用功读书的好孩子，一些家长更是恨不得孩子把每一分钟都花在学习上，因为好的成绩才能够上好的学校，为将来的路创造一个好的起点。

但是因此而视孩子的业余爱好如洪水猛兽却也不必,虽然有玩物丧志这一说法,但那是发生在没有自制力的极端情况下。喜好不等于迷恋,爱好和学业也并不是势不两立的,当孩子有了爱好的时候家长们大可不必如临大敌,非要将它处之而后快。

另外,爱好也不等于单纯的玩乐,它也是全面提高孩子能力,促进他们健康成长的必要因素。在培养动手能力、观察能力、艺术细胞、想象力等方面,爱好的作用远远超过坐在课堂里拿着书本学习,而培养生活情趣、教导孩子热爱人生、培养孩子感受幸福的能力方面,兴趣爱好的作用更是无可替代的。

如果一个成年人没有任何兴趣爱好,只会工作和睡觉,那么他必定是众人鄙薄讥笑的对象,也很难想象他的事业会有多成功,他的人生也不会非常幸福。既然如此,为什么要抹杀孩子的爱好呢?只要安排得当,玩物未必丧志。

只和自己比

今天是期末考试成绩揭晓的一天，王爽竟然比女儿还要忐忑不安。看她那在家坐立不安的样子，真是要感叹一句可怜天下父母心。

好容易听见门铃响，王爽三步并作两步跑去开了门，凑上来的是一张粉嘟嘟的笑脸。

看看女儿的神色，王爽心里像放下了一块大石头。这块石头已经悬了半年，只要想起上学期期末考试排名女儿竟然在班里倒数几名，她就焦急得很：要知道女儿才上一年级，成绩就这么差，以后可怎么办啊？

"考得怎么样？"王爽压抑着内心的兴奋，想要女儿亲口告诉自己喜讯。

女儿得意地说："很好啊，老师都夸我有进步。"边说边在书包里翻出成绩单递给王爽。

王爽接过成绩单一看，脸色马上晴转阴阴转多云，再下去就是电闪雷鸣要倾盆大雨了："语文74，数学79？这个分你还笑得这么开心？"

女儿没注意到王爽的变化："妈妈，你说我考好了就要给我奖品，是什么吗？"

这句话简直是火上加油，王爽越发生气："奖品？你考成这个样子还好意思要奖品？脸皮太厚了！你看看隔壁琪琪怎么每次都考第一名，上次还拿了奥赛一等奖。自己想想怎么把成绩弄上去再说吧。"

这下女儿不依了，直嚷着"妈妈骗人"一直哭到晚饭时间。

出色妈妈课堂

许多事情没有固定的标准，唯一的标准来自"比较"。但是比较的对象不同，结论也就各异。

然而山外有山人外有人，世界上永远存在更强更能干的人，如果一直和别人比，那么你可能永远处于下风，永远是处于劣势的失败者。

有时候家长为了鼓励孩子，往往把孩子和他的同龄人作比较，希望竞争意识和榜样作用能鼓励孩子努力。但是经常这么比较，却会使孩子长期处于失败的阴影中，抹杀掉他的一切努力和进步，久而久之就会因为觉得努力无用而放弃努力。

　　对孩子最好的激励方式，不是让他和别人比较，而是让他和自己比。只要他通过自己的努力取得了进步，不管这份进步有多大，甚至进步之后和别人的差距有多大，都应该及时给予表扬，让他感受到自己通过努力取得的成绩和肯定，从而养成乐于努力的习惯，并且树立自己在不断进步中的信心，渐渐地就会发现孩子不只是与自己比进步了，在同龄人中也是出色的。

袖手旁观等待失败

张娟正和朋友聊天，儿子回来了，可是还没来得及跟妈妈和客人打招呼就急匆匆地冲进自己的房间，"砰"地关上门，屋内传出隐隐的哭声。

张娟却不动声色，继续和朋友聊最近的服装新款，倒是朋友忍不住问："发生什么事了，你儿子看着不太对，你不去看看？"

张娟苦笑了一下，这场哭泣是注定的，也是她等了好久的。

一个月前儿子兴致勃勃地告诉父母自己参加了天才宝贝比赛，初赛是由每个学校自行开展。看了下参赛的人选，儿子觉得自己赢面很大，毕竟体育、手工、智力问答都是自己强项。

不过张娟却没有那么乐观，因为从儿子嘴里她知道了参赛选手里边有一个是校长的孙子。虽然儿子对她说这个同学各方面都能力平平，没什么竞争力，可张娟不这样想。

如果是其他比赛也就罢了，可这次天才宝贝比赛不但规模大、层次高，优胜者还可以参加为期一年的对外交换学生交流计划，谁能不为自己的孩子打算呢？虽然儿子实力不俗，但大多数项目都是由评委主观打分没有硬性标准，只要心理的天平稍微偏偏，儿子再努力都无法通过初赛，拿到每个学校只有一张的复赛参赛证。

后来张娟又找人打听了一下，结果更为心灰：朋友告诉她儿子所在学校的复赛人选早就内定了是校长的孙子，其他人都是陪衬罢了。

只是张娟并没有告诉儿子这一情况，也没有劝说儿子放弃这次比赛，只是默默看着儿子兴奋地为比赛准备着。

今天是初赛成绩公布的日子，张娟知道儿子必定会失望甚至愤怒。听着儿子屋内传来的哭声，她也心痛。只是她知道儿子迟早会面对社会的种种不公，只有经过这样的磨砺儿子才会渐渐成熟。

出色妈妈课堂

家长总是灌输给孩子传统文化中的美德,期望孩子能够在一个健康干净的环境中成长。然而社会有很多不公平的现象,如果一直把孩子关在真空中,那么孩子对于社会丑恶的一面将没有抵抗能力,在长大成人后遇到类似问题时,要么感到手足无措而无法面对,要么深受打击变得愤世嫉俗。

真正的健全人格,不是纯洁如小白兔,而是能够正确面对生活中的种种问题。这份能力和心胸不是一朝一夕就能够领悟的,需要从小一点一点磨砺,一点一点引导才能培育出来。家长需要做的不是封闭孩子的耳目,而是随时做好教育的准备,甚至有时候要放手让孩子遭受失败的打击。毕竟只有通过这样的亲身经历,孩子才能体会到生活的酸甜苦辣,锻炼出一颗坚强的心。

课堂笔记:灰色教育三原则

(1)原则一:主题明确。培养孩子对社会丑恶现象的接受能力,并不是培养他们灰色的一面,不可以宣传"为达目的不择手段"之类的东西,避免矫枉过正,扭曲孩子的心灵。

(2)原则二:心态正确。首先保证自己心态的积极,避免"这个社会就是这个样子,谁都没办法"之类的话让孩子产生消极心态,而是应该在给出定义之后,加上积极的鼓励"但是我们可以保证自己做得对"。

(3)原则三:方法积极。除了心态上的教育,另一个重点是教给孩子积极的应对方法,避免让孩子因为缺乏正确有效的应对方法而重新陷入悲观的情绪中。例如"他和你分数一样,你输;但是你如果高过他十分或二十分,拿过很多奖闯出名气,就没有人可以让你出局",就是一个张娟鼓励孩子加倍努力的好方式。

好奇心惹的祸

戴扬这天和朋友出去逛街，天黑了才从外边回来，看到小区树丛里好像有两个小孩正搂搂抱抱甚至亲吻对方，正感慨世风日下，突然发现那个女孩竟然是自己的女儿。

戴扬几乎疯了似的跑过去拉开这对小鸳鸯，对着两个小孩歇斯底里地大骂一通，然后扯着女儿回到家里。

女儿先是很害怕的样子，后来忍不住顶嘴："有什么大不了的，就是玩玩嘛，我又不是真的喜欢那个人，你们这么紧张干吗？"

这句话更让戴扬抓狂，毕竟早恋这种事自己还有些教育的办法也看了不少书作准备，可现在她根本不懂女儿在想些什么："你不喜欢他，你还跟他这样？你到底是怎么想的啊，你想气死妈妈啊。"

"好玩啊，好多同学都有男朋友，很有意思，我也想试试。"女儿一脸无所谓地说，"交个男朋友很正常啊，我都上初中了，要是在国外还没有男朋友会被人笑的。"

女儿还嬉皮笑脸地对戴扬说："妈，你不是一直说好奇心是人类进步的原动力，一切发明的始祖吗？我可是照着你说的去做哦。"

戴扬觉得头都大了，不知道要怎么教育这个无法无天的孩子才好。

出色妈妈课堂

在提倡素质教育的今天，家长越来越重视对孩子非智力因素的培养。然而非智力因素和应试教育提倡的许多因素一样，并不是一味提倡就好，任何事情一旦超过了应有的度，都会反受其害。

好奇心和孩子的求知欲，对生活的热情息息相关，很难想象一个缺少好奇心的孩子能拥有积极的心态，但是好奇心一旦过度，不论什么都感到好奇，不顾后果想要尝试，只会使孩子置身陷阱，甚至因为一时的贪玩好奇影响一生。

送他一副软猬甲

周嘉的儿子被人捅了一刀，幸好没伤着内脏，不过也住了半个月院，让周嘉担足了心。

周嘉最讨厌娘娘腔的男人，于是从小教育儿子要勇敢，做出男子汉的样子来。儿子在这种家庭氛围下，自然也把武侠小说里的侠客们当做偶像，动不动就叨念什么"替天行道""路见不平拔刀相助"，想做个行侠仗义的英雄。

那天儿子放学路上看见班里的一个同学被几个社会上的小混混逼在一个死胡同里抢劫，立刻冲过去想要帮忙。

几个混混自然不会把一个小男孩的劝告放在眼里，不耐烦地叫他也把身上值钱的东西拿出来。儿子立刻高声呼救，一个混混害怕招来更多的人，拿出一把匕首威胁儿子。

没想到这一举动更是激起了儿子的怒气和勇气，他打算用武术培训班刚学的招数来个空手入白刃，结果搏斗时被混混刺中了腹部。

混混被儿子腹部涌出的鲜血吓坏了，连忙抛下两人跑掉。还好儿子的同学及时打电话叫来救护车，不然儿子可能因为失血过多危及生命。

周嘉看着重伤初愈的儿子，又是后怕，又是担心：儿子还会遇到这样的危险吗？

出色妈妈课堂

我们的传统教育中，英雄主义一直占有很大比重，"奋不顾身，舍己为人"被表彰。然而这种价值观却往往使孩子过分英勇，在遇到危险的时候进行一些盲目的英雄行为，将自己置于险境之中。

很多国家在这一点上和我们的教育一直持有相反的态度，他们提倡的是在见义勇为之前，首先保证自己的安全，绝不鼓励孩子进行一些超出自己能力范围的英勇举动。

孩子无论是身体还是智力都处于发育中，这样的生理和心理特点决定了他们遇事的幼稚与不成熟，面对危险未必有能力进行有效的帮助。孩子本身都应该是受保护对象，一味盲目地鼓励他们去和恶势力作斗争，不顾自身条件奋勇搏斗、英勇救人，反而容易使孩子自己也遭遇危险，造成无谓的伤害甚至牺牲。

事实上近年来我国教育界已经认识到过往的偏差，开始逐渐调整这一思想，从鼓励"见义勇为"过渡到"见义智为"，提倡孩子首先重视自己的生命，以保障自身的安危为第一要务。送给孩子一副软猬甲，并不是鼓励他们能够行侠江湖，而是希望他们能够在遇到危险的时候有效地保护自己。

课后作业：出色妈妈的"软猬甲教育"

情况	传统教育	软猬甲教育
各种灾害如火灾	积极救人	以求生为第一要务
看见不法事件	站出来阻止	立即离开后报警
有人陷入险境如落水	亲自救援	寻求专业或更有力的帮助
遭遇抢劫等危险	和坏人做斗争	能跑就跑，跑不掉就主动奉上财物

你的爱有多重

晚饭时女儿兴冲冲地和万瑜商量:"妈妈,今年春节的时候我想和同学去山上露营。据说每年春节山上都会下雪,长这么大我还没看过雪呢。"

"春节去露营?不行。"万瑜断然拒绝。

"为什么,你不是说我只要考了班上前三名就允许我寒假和同学出去玩吗?"女儿很诧异。

"你寒假什么时候出去不行,非得春节去?那过节吃团年饭怎么办,走亲戚怎么办?我说不行就是不行,这春节你哪都别去。"万瑜情绪有点激动了。

女儿叫道:"可是我已经和他们约好了!为了这次露营我们策划了半个学期,大家都想过一个看雪的除夕。"

"好,你去就去,不用管我们。"万瑜突然掉下泪来,"生你养你辛苦这么多年,现在你长大了,翅膀硬了,就不要爸爸妈妈了。你去玩好了,就留我和你爸爸在家孤零零地过节好了。反正我们都是讨人嫌的两个老家伙,你不用管我们……"

看着妈妈这个样子,女儿吓坏了,连忙答应万瑜自己春节哪也不去在家陪爸爸妈妈,万瑜才破泣为喜。

之后万瑜还常常做出类似的表现,成功地阻止了女儿做违背自己心愿的事。可是在万瑜沾沾自喜的同时,女儿却越来越沉默。不久之前,女儿被检查出患有轻度忧郁症。

出色妈妈课堂

美国曾经出版过一本心理学方面的畅销书叫做《情感敲诈》,作者指出一些人会对自己利用自己对他们付出的爱作为筹码,迫使对方按照自己的意见行事。这种敲诈非常隐讳,因为对方所做的一切都包裹在爱中,表述出来的是委屈自己成全你的想法。然而在这种委屈的重压下,大多数人都会放弃自己的意志而屈从对方。

这种行为大多数时候是无意的，尤其是父母和子女之间因为感情较深，交谈比较坦率，父母尤其容易利用自己对孩子的付出而进行施压，在尝到甜头之后一再进行这种行为，以自己的意志代替子女的意志。

然而作为一再放弃自己选择的子女会有深深地挫败感，认为自己是一个忘恩负义的小人。偶尔进行抵抗更是让他们背上沉重的道德负担，造成严重的心理障碍，久而久之成为不少心理病的根源。

事实上长期进行情感敲诈是一种病态行为，根源在于对自己的不自信而导致的过强掌控欲，希望借由逼迫孩子做出利于自己的选择来证明自己在孩子心中的价值。尤其是当孩子长大，独立意识萌发，母亲感到失落时，如果不能及时调整心态，极容易使自己陷入情感敲诈的怪圈，让自己对孩子的爱成为一份重担，害人害己。

尊重孩子，正视孩子逐渐长大成人拥有自己生活的事实，才能避免让自己的爱压坏自己和孩子。

随堂测验：你是个感情敲诈者吗

对照自己的状况，符合（非常频繁）得2分，不符合（偶尔或几乎不）得0分，说不清（有时候但不太频繁）得1分。

（1）喜欢对孩子细数自己为了她的付出和牺牲。

（2）常常说"要不是为了你……"之类的话。

（3）孩子没有要求你牺牲自己权益时你主动放弃，并且要求孩子做出相应的行为。

（4）自己恋爱时有过刻意考验男友的行为。

（5）阻止孩子做某事的时会说"都是为你好"之类的话。

（6）孩子拥有独立生活时你会感到非常失落。

（7）怀念孩子还是幼童时候的生活。

（8）会暗自比较自己和别人在孩子心中的地位。

计算得分，对照下表：

得分	答案
0～4	非常喜欢利用感情来胁迫子女按照自己的意志行事，孩子的依赖会给自己相当大的满足感。但你知道自己的行为已经严重影响了你和孩子的心理健康了吗？这样的亲子关系是病态有害的，赶快改变吧
5～8	已经开始尝到情感敲诈的甜头，有继续发展的可能。虽然也明白像个怨妇似的行为不够妥当，但是一旦遭遇麻烦，潜意识中还是希望使用这种简单有效的方法。小心，危险！要懂得适可而止吧
9～12	懂得尊重孩子，但是偶尔也会因为意气或者情绪而做出情感敲诈的行为。其实根源在于自己不够自信，所以在处于情绪低谷的时候会希望从身边的人中得到支持从而做出不恰当的举动。控制自己的情绪化行为，是改善和孩子关系的重点
13～16	非常尊重你的孩子，并且对自己有足够的自信。深知自己在孩子心中的地位，所以不会对孩子的表现斤斤计较，并且能够体谅孩子的心情。有这样的妈妈，真是孩子的幸运

第六章　从问题孩子到出色孩子

问题孩子让人头痛，然而冰冻三尺，非一日之寒，浮出水面的往往只是冰山一角，更多的问题藏在我们看不到的地方。

当初的疏忽造成了今天的局面，错误的解决方式只会让错误越变越大。根治，需要良方。

每个问题都有根源，孩子问题的根源往往就是家长。

治标不如治本，解决掉我们自己的问题，问题孩子一样可以变成出色孩子。

谈场"早恋"又何妨

这天张怡帮女儿收拾书包的时候,从一堆书本里跌落出一封信,随便一瞟就看见"爱你""思念""LOVE"几个字到处都是,是封地地道道的情书。

女儿吓坏了,连声说:"妈,是同学写着玩的,我们其实没什么,真的没什么。"要知道"早恋"这个词在家长老师那无异于洪水猛兽,一旦扣上早恋的帽子那日子可就不好过了。女儿班里就有个例子,有个男生给隔壁班女生送了一束花,结果被他爸爸打得半死,老师家长三堂会审了好多次,现在上学放学还要妈妈接送监视。难怪女儿害怕得声音都颤了。

张怡微微地笑了一下:"慌什么,妈妈又没说你什么。"然后伸手拍拍惊魂未定的女儿,"就算是早恋也没什么。"

"啊?"女儿被这句话吓了一跳,心想怎么可能没什么呢?别是妈妈玩什么欲擒故纵吧。

的确没什么,在张怡的观点里,早恋并没有那么可怕。张家有女初长成,有人喜欢有人爱慕是好事,说明女儿有值得别人欣赏的地方,为什么不高兴呢?

这段时间女儿成绩没下降,脾气没变坏,生活作息一律没有问题,所谓"早恋的坏处"自己一点没看见,倒觉得女儿多了几分笑容。既然如此,又为什么非要女儿放弃青春期的懵懂感情?这种无关物质利益、没有功利色彩的感情,一生可能只在校园里才能遇见,错过了或许就是一辈子的遗憾。张怡并不希望因为自己的过敏要防患于未然就毁掉这份美好的情愫。

听完妈妈的解释,女儿眼里竟然闪动起泪花,想不到自己的妈妈如此通情达理。

不过张怡语重心长地提醒了女儿一些注意事项后,换了副好奇顽皮的样子:"可不可以告诉妈妈,他是谁啊?长得帅不帅,成绩好不好,会打球吗?"

女儿对妈妈的变化有些不适应,张怡自顾自地吹嘘起来:"当初妈妈特别喜欢打篮球好的男生,特别有味道……"

女儿忍不住插嘴说:"他比较喜欢足球,篮球技术一般般啦……"

"结果我表白失败了，真是气死我了……"

"他说我认真听课的样子很可爱……"

两人在屋里有说有笑，看起来像一对互述心事的小姐妹。张怡想：有这样笑容的女儿不会变坏，永远不会。

出色妈妈课堂

"早恋"是一个家长深深畏惧的词语，因为看过听过太多早恋的悲剧，害怕自己的孩子重蹈覆辙。

所以人们往往一看到孩子有感情萌动的苗头就决不手软，务求把它们扼杀在摇篮中。但是这样的做法只能说治标不治本，甚至有可能起反效果。

哪个少女不怀春，哪个少男不钟情，青春期对异性好奇是很正常的事情。这时候的感情非常纯，也难以真正划分到恋爱的范畴，所谓早恋的少男少女往往只是处于"谈得来""互相喜欢"的地步，反而是家长如临大敌的神经过敏反而起了推波助澜的作用，让本来就处于青春叛逆期的孩子破罐子破摔，或者因为家长简单粗暴的干涉，结果上演早恋的悲剧。即使事态没有明显的恶化，孩子和家长之间也会筑起一道无形的堤坝，让孩子开始"防""躲""怕"，影响彼此的沟通和亲情。

张怡的处理无疑是非常恰当的，她在看见情书的时候没有勃然变色，并且在第一时间告诉女儿早恋没关系，给女儿吃了一颗定心丸，这有助于让敏感的女儿情绪稳定，并且不至于在处理问题的一开始就把彼此推到了对立的两面。情绪稳定了，心态平和了，沟通才是有效的沟通。否则一来就激起孩子对抗厌烦的情绪，家长之后的教育功效将大大减弱。

之后张怡从正面诠释了早恋的意义，打消了女儿"我早恋不对""我早恋可耻"的担心，反而给予了女儿自信——有人喜欢我是因为我有值得喜欢的优点，早恋在此拥有了良性意义，也对女儿进行了良性引导，而不像一些家长那样扣上一些孩子难以承担的大帽子如"多大就知道想男人"，反倒对她们进行负面引导。

最后张怡很自然地和女儿对这个不再敏感的话题进行交谈，一方面增强孩子对自己的信心，另一方面则能养成女儿公开谈论此事的习惯，有助于掌握事态的发展，随时进行必要的处理。而一味地审犯人式盘问，绝对达不到这样良好的效果。

他学坏了吗

儿子生日的时候许了一个愿，要妈妈为自己报一个健身培训班，方芳一口答应了。

可是报班的时候方芳才发现，儿子要报的不是普通培训班，而是跆拳道培训班。一群小男生在里边打得你来我往，和方芳想象中跑步，做器械的情景太不一样了。

方芳犹豫了，假称忘了带钱领着快快不快的儿子回到家。

方芳担心的事情可太多了。

儿子最喜欢看《古惑仔》，看过好几遍了每次看还是聚精会神，神情激动，方芳担心他该不是想学人家做混混吧。

儿子打电话的时候有时会蹦出些粗口，还说些什么"这件事我会负责，给兄弟们一个交代"之类的话，让方芳好生担心。

儿子还正式给方芳介绍来家里一块做功课的同学，这个是虎子，那个是小狼，儿子是他们的大哥老鹰，三人可是对天发过誓磕过头喝过血酒的金兰兄弟哦。方芳一边笑着招待多出来的两个干儿子，一边暗自叫苦。

儿子还想把家里的西瓜刀放在书包里每天背着上学，被方芳阻止后只得退而求其次放了一把小小的裁纸刀，方芳想：到底是什么事情严重得孩子非要带刀上学？

儿子还向方芳表示家里有问题让他来处理，方芳一直在想儿子指的是什么事，会怎么个处理法？

如今儿子要学打拳，自己该让他去吗？

晚上等儿子熟睡后和丈夫谈起这个话题，想不到丈夫竟然把儿子的变化视为正常，让方芳大吃一惊。

丈夫说，我小时候还想做侠客呢，不但带刀上学，还叠了好多飞镖，看谁不顺眼就一把扔过去。别人叫我大侠我就特别得意，有人求我帮忙我就觉得是在行侠仗义，后来还拉了几个同学创建忠义堂，有暗号有帮规，大家互相称呼堂主、副堂主，后来被老师取缔了……

丈夫说着自己小时候的经历，一点一点打消着方芳的疑虑。或者每个男孩都有一段热血沸腾的青春，自己过分敏感了吧。毕竟儿子按时上学回家，功课不错，见人也挺礼貌，没有真正"变坏"的痕迹，结交的朋友也就是同班同学，没见过哪个帮派还一块做作业呢。想到这方芳笑了，打算明天就带儿子去报名跆拳道班。

出色妈妈课堂

青春期男生身体迅速发育，体内激素猛增，加上本身就处在心智不够成熟容易幻想、容易激动的年龄，很容易就会崇拜武力侠义，向往快意恩仇的江湖生活。

很多家长忧心这是孩子变坏的趋势，实际上只是青春期特有的表现之一，不值得大惊小怪。从正面角度看，孩子有正义感，愿意承担更多的责任，都是积极变化。而爆粗口、故作成熟，也仅仅是模仿影视文学作品中的人物，希望自己向成年人世界靠拢的表现。

如果这个时候家长过分敏感对待，处理方法和孩子的天性相违背，反倒有可能让孩子变本加厉地想要"做给你看看"，结果误入歧途成为真正的问题少年。

课后作业：鼓励孩子"变坏"的四种方法

（1）鼓励他们锻炼身体，不妨选择武术项目作为爱好，把他们的兴趣重点放到爱好而不是学成打人上。

（2）鼓励他们多交朋友甚至结拜弟兄，趁机教导孩子什么是酒肉朋友什么是真正的朋友，避免孩子误交损友。

（3）鼓励他们见义勇为，提醒他们首先确保自己的安全，并且教授正确的处理方式。

（4）鼓励他们行侠仗义，但让他们首先分清是非黑白。

他为什么要说谎

周洁接到儿子班主任的电话，问她要不要参加周末的贫困学生捐助家长会。

周洁以为是暗示自己捐款，便推辞说："我们家情况不是特别好……"

想不到班主任却说："我知道你们家情况不是特别好，你一个女人带着孩子特别不容易，所以我希望你能来参加，因为学校会根据学生的实际情况给一定补助。你这样的单亲家庭肯定是重点关注对象。"

单亲家庭？一个女人带着孩子？周洁愣了，自己家明明幸福美满，为什么班主任会这么说。

和班主任聊了好久，周洁才弄清事情的始末。

一次在几个同学聊起母爱，个个都夸耀自己的妈妈最好，最疼爱自己。

"我妈妈给我买好多好多吃的，她只尝尝，全留给我。"一个同学说。

"我妈妈也给我买好吃的，自己一点都舍不得吃。"另一个同学说。

"这算什么，妈妈为了让我吃饱，她自己都吃不上饭。"儿子大声说。

上课的时候，班主任说到课文的中心思想穷人孩子早当家，经受过生活磨砺的孩子更聪明时，几个同学又在下边聊开了。

"我家很穷，爸爸妈妈都没有钱，我最聪明。"

"我爸爸妈妈都是工人，爸爸还下岗了，我最聪明。"

儿子大声说："哼，你们都没有我惨，我爸爸不管我们，全靠妈妈一个人养我。"

不想这话说得太大声让班主任听见了，他没责备儿子，只是让他注意听讲。

就这么一次两次，阴差阳错让误会在班主任心中生了根。既然学校有资助贫困学生的活动，班主任第一个就想到了周洁。

一肚子火的周洁冲进儿子的房间质问他，想不到儿子供认不讳，还天真地望向周洁："我做错了吗？"

周洁看看一脸无辜地看着自己的儿子，更加恼火：他不仅不认错，甚至根本不知道自己错了。

出色妈妈课堂

　　说谎者遭人鄙视，因为人们往往利用说谎来欺骗别人，为自己谋取利益，但在孩子来说，他们的说谎动机却未必是卑劣，因为在他们看来自己所说的全是事实。

　　孩子对世界认知是有限的，对于成年人可以轻松分辨真假的事物，他们未必能分清什么是玩笑，什么是真实。很多家长经常和孩子开玩笑，说些"哎呀，你吃了妈妈就要饿肚子了""爸爸不管我们了，爸爸是坏爸爸"之类的话，孩子却可能信以为真。当孩子把这类话用自己的语言表述出来，因为和事实相悖，则会被人当成是说谎。事实上，在他们的认知里面，这些却全是真话。

　　由于认知失真造成的说谎，孩子本身并无过错，如果慌忙地追究他们的责任或者上纲上线进行严肃地教育，则会让孩子感到委屈，觉得自己现在被冤枉或者以前被欺骗了，产生负面情绪冲击家庭关系。

课后作业：给孩子一个真实的世界

　　（1）以身作则，注意在孩子面前的言行，不要随便说假话、说大话。

　　（2）对事物进行公正的评价，不要给孩子留下错误的印象。

　　（3）鼓励孩子多看书和电影，引导他们思考，教导他们分辨真实和虚构。

　　（4）鼓励他们表达自己的见闻，促使他们以自己的思考代替别人灌输的信息。

　　（5）培养孩子说话踏实的作风，鼓励他们眼见为实，不随便对不确定的事情添油加醋。

脏话：从哪里来，到哪里去

李丹实在听不惯女儿打电话时说话的那个德行。

"你这家伙这段时间死哪去了，好久没见了。"

"去你妈的，别想诓我一顿饭。"

"靠，什么时候变得这么阔气了？"

"你这个贱人，敢这么说我，下次见面打死你这小样。"

你听听，这哪像个女孩子说的话？虽然现在不是三步不出闺门的年代，对女孩子也没有行不动裙笑不露齿的要求，甚至还提倡潇洒率直的个性。可是像女儿那样，也太过分了吧。

李丹打算好好和女儿谈谈这个问题。

吃完饭，李丹坐到沙发上语重心长地和女儿谈心，从妇德说起，纵横中外引经据典，痛陈厉害，希望女儿能认同自己，有一点点淑女风范。

可是女儿对她的话不以为然："妈，谁说女孩子就要斯斯文文才受欢迎啊，你又不是不知道我朋友多，亲戚长辈都喜欢我。"

"那是你小，大家都让着你。等你长大了，人家会说你是泼妇的！"李丹恨铁不成钢。

女儿撇撇嘴："哪有那么多泼妇，我没见谁说妈你是泼妇的。"

"当然没人说我啦，我又不像你，满口脏话。"李丹理直气壮地说。

女儿"哼"了一声回房了，谈话不欢而散。

几天后，女儿一脸得意地拿出录音笔让李丹听。

李丹一听，竟然是这几天自己和朋友们打电话时候的录音。

"你这小样，敢得罪姑奶奶我？""我靠，你这种混蛋居然混成处长啦？""贱人，快请我吃饭！"录音的语气用词都和女儿差不多，李丹惭愧地低下头。

出色妈妈课堂

粗口脏话都不是好习惯，大部分家长在对子女的教育中都能注意到这一点，并且在和孩子的交流中以身作则。

但是孩子观察父母并不仅仅局限在和父母的直接交流中，在他的视线范围内父母的做法一样会成为他模仿的对象。而这时因为交流对象不是孩子，许多人就会下意识地放松了对自己的要求，情不自禁地使用一些不太礼貌的口头禅。

虽然这些口头禅在自己使用的时候并无不妥的感觉，但当孩子也用这样的语气说话的时候，家长才会明白对听者来说这有多么刺耳。

教育并不是单方面的，有时候孩子也会带给我们启迪。他们的言行就像一面镜子照着我们自己，有错就改才能让孩子对我们的教育心服口服。如果不明白教育的双向性，企图以权威的身份掩饰自己的错误，甚至恼羞成怒强行压制孩子对这件事的意见，那么不但教育会变得毫无成效，自己在孩子心目中的形象也会毁于一旦。

不可不谈的钱

吴喻去了一趟朋友家，回来觉得是该教育孩子做家务的时候了。朋友的孩子就比自己女儿大一岁，不但会自己洗衣服、扫地，还会做饭、买菜，甚至今天的饭桌上还有一道菜是她做的呢。和她一比，自己的女儿算得上个十指不沾阳春水的大小姐，太过娇生惯养了。

可是光是说"勤快是好孩子""自己的事情自己做"似乎没什么用，女儿虽然也点头答应，可是长久以来的习惯却没那么快能改正，还是懒懒散散的样子。

为了激励女儿多做家务，吴喻想了个主意：把女儿的表现和零用钱挂钩，做得多奖金就多，做得少奖金就少，继续这么懒奖金就一分钱没有。

这下女儿有激情了，每天干活干得热火朝天，汗流浃背都不抱怨。要不是爸爸妈妈为了别累坏了女儿不准她做得太多，她简直天天想在家里来个大扫除。

为了方便计算，吴喻把一些女儿力所能及的家务明码标价：

洗衣服，一次2元；

晾衣服，一次1元；

扫地，一间屋子1元；

帮妈妈洗菜，一次0.5元；

洗碗，一次3元，特别多的话5元；

……

随着女儿参与的家务越来越多，这份价目表也越来越长，帮妈妈拿拖鞋，帮爸爸捶背等项目也一一上榜。

吴喻的生日到了，一家人准备吹蜡烛切蛋糕，丈夫送上一瓶香水，吴喻高兴地接过来，又笑着问女儿说："妈妈过生日，你准备了什么礼物给妈妈呢？"

"我早就准备好了。"女儿递上一个漂亮的盒子，里边是一个卡通相框，相框里是一家三口的合影。

吴喻正开心，想不到女儿又递上一张纸。吴喻以为是贺卡，不想低头一看，呆住了：纸上列着这次过生日她应该付给女儿的钱——

逛街买礼物，3元，车费3元；

挑选礼物，1元；

选照片，1元；

包装礼物，1元……

出色妈妈课堂

　　君子不言利是我们的传统，但却未必适合我们这个社会。金钱，已经成为我们生活中不可缺少也无法避开的事物，一个对金钱缺乏概念的孩子往往会养成奢侈浪费的习惯，或者因为这一环教育的欠缺而不通人情世故。

　　但是矫枉过正，过多地把金钱概念带入孩子的生活中也是一种错误。当家长把金钱作为教育的激励因素的时候，孩子也会养成对身边的一切包括感情明码标价的习惯。过多地强调金钱，会让孩子认为金钱是世界上最重要甚至唯一的衡量标准，无论接受感情还是付出感情都会以金钱作为衡量和方式，久而久之价值观被扭曲，变得满身铜臭只会言利。

课后作业：三种金钱替代术

　　（1）用语言代替金钱。真心地说一声"谢谢"，对于孩子的进步及时肯定，只要表达得当，效果未必逊色于金钱鼓励。

　　（2）用劳动代替金钱。孩子给你捶背，你帮孩子按摩，不但亲情得以加深，也避免了用金钱酬谢亲情。

　　（3）用愿望代替金钱。了解孩子所想，满足他的正当愿望，而不是给他钱让他自己满足自己。

不说话的权利

胡霞觉得儿子最近有点不对劲：每天回到家和父母打个招呼就躲在自己的房间里不出来，吃饭的时候一言不发，平时脸也是阴沉沉的。要知道儿子以前话多得很，现在"小贫嘴"变成了"闷葫芦"，里边肯定有原因。

这天胡霞叫住刚回家的儿子："最近发生什么事了吗？"

"没有。"儿子边往自己房间走边回答。

"我知道有事，你看你都变成什么样了，成天拉着个脸。来，跟妈妈说说是怎么回事。"胡霞坚持说。

儿子挥挥手："没事没事，真的没事。"

"是不是学习上遇到什么麻烦了？"胡霞猜测，"要不要妈妈帮你请个补习老师？考试一次两次考得不好是常事，爸爸妈妈不会为这个怪你的。"

"是不是和同学闹矛盾了？你们这个年纪容易闹别扭，其实都是些小事。说出来妈妈帮你想办法解决。"

"是不是老师批评你了？其实老师的话有时候该听，有时候也不一定说得对。你说出来妈妈看老师说得对不对。"

胡霞一个劲地猜着，儿子却有点不耐烦了："都说了没事了，你成天瞎猜些什么啊？"

胡霞不理会儿子的抗议，猛地一拍手，笑着说："我知道了，是不是我的宝贝儿子喜欢上哪个女同学了？哎，害羞什么呢，妈妈最开明了。你们这个年纪对异性有好感是正常的，妈妈又不是那种老古董。来，是单相思还是怎么了，说给妈妈听……"

"你烦不烦啊，我说没事就是没事。异想天开，有病啊！"儿子受不了胡霞的唠叨，火了。

胡霞也火了："看看你这是什么态度，我还不是为你好！有什么事不可以说给妈妈听的，又不是外人，我也不是哪种没文化的封建家长。民主民主，倒把你脾气惯大了。"

看来,今夜胡霞家一场风雨是不能避免了。

出色妈妈课堂

随着各种先进教育理念的深入人心,尊重孩子的观念已经被大多数家庭所接受,许多妈妈都能够正确对待孩子学习成绩、人际关系以及感情上的问题。但有时候,这种正确对待只是一种表象,不少母亲骨子里并没有学会尊重自己的孩子。

上文的胡霞就是如此,虽然她自认很开明,包括孩子早恋都能正确处理,但是她还是希望掌控孩子的一切,不愿意孩子保有自己的秘密——潜意识中,就是不愿意孩子有独立的人格思想,实际上依旧没有把孩子视做需要自己平等对待的一员,认为他没有保有自己思想空间,没有不说话的权利。

一位成年人会认为另一位成年人有对自己说出所有想法的权力吗?会认为自己要求对方毫无保留说出所有秘密是理所当然吗?即使亲如夫妻,我们一样知道需要保留一定的私人空间,我们也会理解别人"让我一个人静静"的需求,为什么当这个人是自己的孩子的时候,我们就变得一定要他们掏出心中的秘密呢?

尊重孩子,不只是学会处理例如早恋等各种问题,更是要从心里认识到:孩子和我们的地位是平等的。用对待另一位成年人的态度去对待孩子,才是真正的尊重。

让孩子为你而骄傲

乔英在小区门口碰到同学,同学的儿子和乔英的女儿在同一所小学,两人的话题自然围绕孩子展开。

同学问乔英最近是不是很忙,连学校举办的母亲节联欢会都没参加,乔英愣了:自己怎么从来没听说过这件事呢?

回到家,乔英拉过女儿问道:"上周学校母亲节联欢会你怎么回来没说?"

女儿有些惊惶:"没有啊,哪有什么联欢会。"

"刚才我都听周阿姨说了,你对老师说我很忙没空参加,全班就你一个人没请自己妈妈参加。"

"我看你很忙嘛,又不是什么重要活动,不去就算了呗。"女儿看抵赖不过去,只得承认。

"我哪忙,成天在家有什么抽不开身的?你干吗要说谎?刚才还想骗我,说,为什么?"乔英追问。

女儿低下头吞吞吐吐地说:"你又没有漂亮衣服,去了的家长还要做才艺表演,你什么都不会……"

乔英火了:"你的意思是,怕我去了给你丢人?"

女儿哭了,嚷嚷着:"本来就是,凶什么凶。"

这时丈夫下班回来了,女儿趁机跑到爸爸怀里痛苦,丈夫有些不满地对乔英说:"干吗又把孩子弄哭了?好好说不行吗?"

乔英气道:"你还护着她,大小姐嫌我丢人呢。"然后把事情经过告诉了丈夫。

想不到丈夫竟然站在女儿一面:"孩子难道说错了?你看看你穿得跟捡垃圾的差不多,才艺表演,你又会什么了?到时候往场子里边一站啥都不会,不是给孩子丢人吗?"

乔英愣了,难道节约不是美德?自己辛辛苦苦打理这个家不值得尊重?为什么女儿和丈夫都觉得自己去参加学校活动会给孩子丢人呢?

出色妈妈课堂

孩子会嫌弃母亲的外表和言行，有时候并非虚荣，而是因为孩子的认知非常直观。他可能理解不了母亲对家庭的付出有多大，对这个家有多重要，在他的理解范围里，打扮得漂漂亮亮、能歌善舞或者有一技之长的妈妈才是值得骄傲的。

所以为了在伙伴面前赢得更多的羡慕，他希望自己妈妈能够符合这个标准，如果不能达标，则会感到失望甚至羞愧，潜意识地希望能够在伙伴面前掩盖这一事实。在这里，最大的问题在于认知层次和看待问题的角度不同，只能说认识不够全面，而不是价值观的扭曲。

另一方面，有些母亲也要承担一部分责任。许多女性在生育之后自己埋首家务之中，以带孩子为第一要务，虽然可敬，却使得自己不修边幅和社会脱节。即使丈夫没有嫌弃这位黄脸婆，孩子却可能不希望有一位"黄脸妈妈"。

当孩子表露出嫌弃自己的情绪时，许多母亲会情绪性地把自己的伤心与愤怒发泄到孩子身上，不去思考问题形成的深层原因而一味推卸责任。这或许能够暂时治标，压制住孩子的"嫌弃"情绪，却容易造成母子关系的裂痕。事实上，这是"如何赢得孩子尊重"课程的缺失。补上这一课，成为孩子眼中的出色妈妈，让孩子因你而自豪，让自己成为孩子的骄傲，才是治本的良方。

课后作业：成为孩子眼中的出色妈妈三步走

（1）做个漂亮妈妈。不要一味以朴素节约为美，把自己打扮得漂亮和虚荣并不是一回事。如果希望孩子称赞你一声"好美"，也应该好好修饰自己，而不是把希望全部寄托在感情附加分上。

（2）做个能干妈妈。有一双巧手永远值得别人尊敬，亲手为孩子制作可口的糕点或者制作出精巧的小玩意，不但能让孩子惊喜，还能让孩子把你的爱分给小伙伴们享受。

（3）做个专业妈妈。有一技之长或者在某方面取得成绩，都是让孩子敬佩的理由。也许孩子不懂得你干了些什么，但是他会从周围人的反馈中确定你的价值。

盗窃：不是犯罪是犯病

李璐的儿子偷了同学的漂亮钢笔，李璐一面教导孩子，一面自责：是不是因为自己平时忽略了孩子的需求，以为只要有钢笔用就好，导致了孩子羡慕同学有那么漂亮的钢笔才偷东西呢？

那次之后，李璐对孩子的爱好更加注意，每次为孩子买东西之前都征求孩子的意见。

不久，李璐发现孩子偷拿了家里的钱，教育之余，觉得也许孩子希望能有自由调配的钱才这么做，于是开始定期发给孩子一定的零用钱。

可是这次孩子竟然又偷了同学的橡皮，这下李璐迷惑了，这块橡皮普普通通，不值几个钱，儿子有好几块橡皮，每块都比这个漂亮，就算儿子想要这样的，也有足够的零用钱去买，为什么要偷呢？

问儿子，儿子低着头说："就是想偷。"

"是喜欢这块橡皮吗？"

"不是很喜欢。"

"那为什么偷？"

"就是想偷。"

鸡生蛋蛋生鸡的对话毫无进展，李璐只好讲了一番不要偷东西的道理作罢。

不久李璐带着孩子逛超市，想不到孩子竟然背着自己偷了一包话梅，在保安室里，李璐羞得无地自容。

问清事情始末后，保安倒没有太责备李璐和孩子："要不女士你带孩子去医院看看吧？我们也遇到过几次类似的情况，据说这是一种心理病，如果不及时治疗会更加严重。"

到了医院，李璐从医生处了解到儿子果然是患有这种叫做病理性盗窃的心理病。患有这种病的人会反复出现难以克制的偷窃冲动，即使所偷的物品对他来说没有任何用处，他也会为了偷窃这个过程带给他的紧张和满足感而偷窃。

如果不及时治疗，病症会越来越重，患者会开始希望盗窃公众场合的物品来获得更大的刺激。

看看儿子，李璐叹了口气：自己怎么没早发现孩子有心理疾病呢？

出色妈妈课堂

随着社会进步，生活水平在提高，生理上患病的可能性越来越小，各种光怪陆离的心理疾病却开始困扰人们，俗称小偷病的病理性盗窃就是其中一种。

当成人患有心理疾病的时候，除了自己警觉性比较高以外，亲友也会从他的异常行为中判断他心理不正常而使病症尽早得到治疗。而孩子偷东西，家长往往认为是教育失误或者孩子道德问题而加强教育；或者在自身找原因，很少会往心理因素方面想。由于不是对症下药，偷窃的根源问题没有解决，不但孩子的病症会越来越重，不少家长还会因孩子屡教不改而大发脾气，将一切归咎在孩子主观上"不学好"，使孩子因为不能控制盗窃欲而承受双重心理负担。

成年人压力大，容易患有心理病，孩子的问题却常常被忽略，因此当你发现孩子行为异常又找不出原因的时候，就要小心孩子是不是患上了心理疾病。

扼杀好逸恶劳的苗头

"累死了，累死了。"女儿回到家就喊。

赵曦看女儿一脸烦躁的样子笑着说："怎么就这么累了？"

女儿哼了一声，不以为然地说："你天天在家当然不觉得累了，我一天上七八个小时课，又要做作业，又要背单词，还要上兴趣班，都快累死了，真不想上学。"

这样的调子赵曦可不是第一次听到，于是她干脆说："不想上就别上，请假在家玩好了。"

女儿撇撇嘴："别哄我，你会帮我请假？把成绩看得比天重，我要不去上学，你非和我断绝母女关系不可。"

"我是说真的。"赵曦坐起身严肃地说，"不光帮你请假不上学，在家也不要你做家务，让你轻轻松松玩几天好不好？骗你是小狗。"

"一言为定！"女儿兴奋地从沙发上跳起来，"最讨厌我回家那么累了还要我扫地整理房间，说好了，回家我也不做家务的哦。"

当着女儿的面，赵曦打电话告诉班主任女儿重感冒导致肺炎需要请假在家休息，女儿在一边听得笑逐颜开。

第一天，女儿九点就起床了。平时七点就得不情愿起床的女儿觉得很诧异，原以为自己要睡到日上三竿呢。

吃完早饭看看小说，上上网，上午很快就过去了。女儿玩得很开心，但又觉得这开心似乎不如想象中的那样开心。

吃过午饭继续上网，同学们都不在线，论坛的帖子也比平时周末少得多，连游戏里都没什么人。女儿逛得无聊，干脆关机。

看书，翻两页看不进去。玩玩具，玩一会也没什么兴致了。跑到厨房看赵曦在干吗，却被赵曦轰了出去："别在这碍手碍脚的，没你的事干，玩去吧。"

时间似乎过得特别慢，好容易吃晚饭的时间到了，女儿总算找到了事情做，主动帮忙摆放碗筷，没想到被赵曦拦住："你在放假呢，快别做事了。"

盼了很久的晚饭很快就结束了，爸爸去洗碗，赵曦看电视，女儿无所事事地在屋内走来走去，动动这摸摸那，又翻箱倒柜找出点零食吃。

总算混到十点，该上床睡觉了，女儿有点如释重负地睡到床上。偏赵曦还问了句："今天玩得高兴吧？"

"高兴。"女儿没精打采地回答了句，想要和赵曦聊会天，赵曦却说自己还有事走开了。

第二天似乎更无聊。

第三天，女儿觉得时间过得是那样慢……

第四天，女儿实在受不了，提出要回学校上学，赵曦故意不肯："上学多累啊，还是在家休息下吧。"

女儿急了，连声说自己休息够了。赵曦和丈夫相视一笑。

打那后，女儿再也没提过什么休息不干活不上学的话。

出色妈妈课堂

很少有孩子会打心底热爱上学和干家务，经常会向往彻底放松休息的生活，这种思想如果教育不当就会演变成好逸恶劳。但是家长们如果采取说教的方式进行教育，缺乏说服力的语言往往难以获得孩子的认同，甚至认为家长不够理解自己而产生对立情绪。

文中的赵曦就采取了让孩子亲自体验不干活的所谓休假是什么滋味，虽然这种方式有点极端，但针对孩子的懒病却是一剂猛药，能够迅速让孩子明白忙碌和休闲的相对意义：如果没有平时的繁忙，那所谓的休闲也就失去了吸引力。充实的日子会使得一切都变得有滋有味，一味休闲并不是想象中的那样幸福。

正是由于有了这样的亲身体验，所以无需赵曦说服，孩子就已经改掉了之前的坏毛病。他山之石，可以攻玉，当我们遇上孩子怎么说也不肯听的时候，不妨采用赵曦的方式，满足孩子那些荒诞的愿望，让他们自己尝尝个中滋味，既迅速有效，又避免了和孩子正面冲突。

虚荣，一点点就好

张菁的女儿成绩一直不错，可总是粗心大意，不是这里弄错一个小数点就是那里写错一个符号，反正多多少少得扣点分，得不了满分也拿不到第一名。

每次叫她细心一点吧，女儿就大咧咧地说："有什么关系呢？我都会了，只是不小心而已。"

张菁说："这不是小心不小心的问题。容易出错，说明你对这个知识点掌握并不是特别牢固，还得下苦工练练才好。不然的话，永远拿不到第一名。"

"何必那么辛苦呢，就算不是第一名，我的成绩也很不错啊。"女儿一脸的无所谓。

张菁换了许多办法，比如许诺女儿考了第一名就带女儿暑假去迪斯尼乐园啊，买漂亮衣服啊，送她一台新电脑啊，都没用。女儿还是一幅得过且过的样子，名次在第十名到第二名徘徊。

从这次半期考试家长会回来，张菁就一直念叨："第一名可以代表班级上台领奖，真光彩。"

"不就是领奖呗，有什么了不起。"

"那可不一样。全校那么多同学，只有考了第一名才能上台，多光荣。校长会念他的名字，大家都记住他了，以后说起哪个班谁学习成绩好，谁最聪明，大家都知道是那个同学。"

女儿不服气了："谁说他聪明啊，平时解题比我慢，有时候还要向我请教呢。要说聪明，我可是有名的反应快，思维敏捷。"

张菁故意说："真不害臊，有你这么夸自己的？反正人家能考第一名，你从来没考过。一个第一名，一个不是第一名，谁聪明还不是和尚头上的虱子——明摆着。"

"哼，下次就考个第一名给你看。"女儿说得斩钉截铁。

女儿说到做到，一改往日懒懒散散的态度，认真发起狠来，回家就温习功课，反复琢磨老师讲的东西，把基础打扎实。工夫不负有心人，女儿果然期末考试拿了个第一。

"哼，我说我最聪明嘛。"女儿一脸得意，张箐脸上惭愧对女儿说不该小看她，心里也得意得很。

出色妈妈课堂

虚荣是个贬义词，但有时候它却是激励孩子的良方。

孩子往往有逆反心理，你越说，他越要为自己辩护，甚至会觉得母亲啰嗦而不愿意交流。反倒是母亲做出瞧不起他的样子，激起他的好胜心，他才会主动地努力改变自己。请将不如激将，就是这个道理。

课堂笔记：把握虚荣的三个度

虚荣的长度。世上没有常胜将军，要给孩子失败的机会。要求孩子每次都是第一并不现实，只会给带给孩子太大的压力让他不堪重负。

虚荣的宽度。一个人不可能十全十美，孩子也不可能在每一个领域取得第一。重视他的长处，肯定他的优点，不要把目光放在他的缺点上，他才会有信心和激情面对新的挑战。

虚荣的深度。目标是用来激励的，看重的是过程而不是努力，并不需要将愿望变成心中的十字架，更不能将其看做人生唯一的意义。

分享也是一种快乐

"这是我的玩具,不要你玩。"
"这是我的床,不准你躺。"
"这是我的妈妈,不许你亲。"
"这是我的家,你要听我的。"

儿子才四岁,就很明白"我的"这个概念并且随时挂在口里。他的玩具,他的床,他的妈妈,都是不许别人碰的,否则就和你急,大哭大闹到对方认输为止。

虽然每次看到儿子红着小脸嘟着嘴宣告自己的主权时,廖艳都忍俊不禁,觉得儿子真是可爱极了,可是认真想想孩子的话,廖艳就担心孩子会不会长成自私自利的小霸王。

这天表哥表嫂带着侄儿来家里玩,廖艳就故意买了一个复杂的模型玩具给儿子。

"把新玩具给哥哥玩玩好不好?"廖艳故意问儿子。

儿子把模型盒子抱得紧紧的:"不行,这是妈妈买给我的玩具。"

"那好,到那边玩去吧。我们都不玩。"廖艳说。

一会儿儿子跑过来:"妈妈,妈妈,这个怎么弄啊?"

廖艳暗笑:我就知道你不会。可还是装做一本正经地说:"哎呀,这是宝宝的玩具,妈妈可不能碰啊。"

"没关系,妈妈可以玩。"儿子希望快点搭建起模型,大方地说。

可是廖艳也不会搭,怎么办呢?儿子不得已,又向爸爸求援。

爸爸也可以玩儿子的玩具了,但是爸爸也不会搭,于是廖艳的表哥表嫂也在儿子的请求下加入了玩玩具的队伍。

可是大家都不会,儿子只好向当初坚决不许碰自己玩具的表哥求助:"哥哥,我们一起玩玩具好不好?"

有了表哥这个模型高手的加入,问题马上得到解决,高楼大厦平地而起,高兴得儿子又是拍手又是欢呼。表哥一家离去的时候，他还恋恋不舍地喊："哥哥下次来我家玩啊！"

下次，他该不会拒绝别人和他一起玩玩具了吧。

出色妈妈课堂

　　孩子占有欲强不肯让人分享，容易变得自私自利，形成人际交往障碍，这一点早已达成共识。所以当孩子表现出这种独占心理时，家长往往会及时纠正。但如果纠正不得法，也会造成新的心理伤害。

　　孩子开始有了"我的"的认识，可以看做是自我意识的萌发，如果强行剥夺他的"主权"，则会造成他的不安全感，觉得谁都可以改变他的生活，让他觉得自己对生活缺乏操控力，久而久之变得过分忍让，性格内向偏激容易走极端。

　　最好的方法则是让孩子尝到分享的乐趣，主动从自己的世界走出来。在这里，孩子的主动性非常重要，它代表着孩子对自己生活的掌控，是主动付出而不是被动失去。这种主动的优势心理地位会让孩子拥有更多的自信，并且在这种愉悦的感觉中完成对分享的认识和自私态度的转变。

课后作业：必须分享后才有的乐趣

　　（1）教给孩子一些必须两人以上才能玩的游戏，比如打羽毛球。

　　（2）鼓励孩子玩一些超过他能力的游戏如模型，引导他向人求助。

　　（3）把必须放在一起才能玩的东西分给几个人，如彩色铅笔一人分几支，迫使孩子合作。

　　（4）把一套书分赠给几个孩子，让他们学会交换资源。

　　（5）搜寻一些能双打的电脑游戏，让他们在游戏中明白合作能让问题变得简单。

厌"学"不厌学

闫灵的女儿中午就回家了，把书包一甩："下午老师开会，我们不上课。"

这事倒也不奇怪，闫灵没当回事。

可是一连四周，每周三下午女儿都会回到家里，不是老师开会就是学校停电，这就有问题了。

闫灵到学校一打听，果然是女儿在说谎：对学校说家里有事要请假，回家又骗自己说学校放假。

"为什么要这么做？"闫灵问女儿。

女儿低着头："不想上课。"

"不想上课，为什么？你不知道学习很重要吗？"闫灵问。

"我知道。我不是一直都很努力学吗？"女儿说。

闫灵生气了："那为什么还逃课？"

"就是不想上，看见那老师就觉得烦。"女儿低声回答。

原来每周三下午都有一堂劳技课，上课的老师不知道为什么很看不惯女儿，经常挑她的刺，当众批评她，弄得女儿很不爱上这堂课，干脆说谎请假回家。

知道了原因，闫灵去学校找到班主任谈了这个问题，班主任也很无奈：这位教劳技课的老师脾气不太好，对学生一直有点过于严格，闫灵的女儿一直活泼好讲话，正是这老师最不喜欢的一种类型，于是经常拿她当靶子，弄得女儿非常反感。

好在劳技课没有考试，闫灵想了想，问班主任可否让女儿在家做家务补上劳技这一课，平时上劳技课的时候可以自己去学校图书馆自习。班主任答应了闫灵的要求。

回到家闫灵告诉了女儿自己的决定，女儿高兴得搂着闫灵的脖子笑。这下她不用为了躲避讨厌的老师逃学了。

出色妈妈课堂

　　学生主要任务是学习，在校的表现关系到今后一生的发展，所以当孩子出现厌学表现的时候，家长都相当着急。有鼓励的，有教育的，有打骂的，有拜托老师加强管理的，有强制接送避免逃课的，都是希望孩子不要逃课。

　　但是孩子厌的究竟是学习本身，还是学习方式呢？如果是前者，那么强加无可厚非；但如果是后者，问题就未必出在孩子身上。老师的教学方法、教育理念和对待学生的态度，都有可能影响孩子对这门课的看法。如果错不在孩子身上家长又强制孩子不准表现出厌学的态度，那么孩子不得不在自己厌恶的环境中学习，最后把负面情绪投射到学习本身上，变成真正的厌学。

　　闫灵的方法未必是最好的，有娇纵女儿的嫌疑。但是她真正地去解决女儿厌学的根源，在两难之下采取折中的方法避免女儿心理进一步受影响，保证女儿对学习本身的热情却是处理类似问题的正确原则。

孩子，你不用捣蛋了

大家都说杨晗的儿子学坏了，以前那么文静可爱的一个小男孩，现在却成了混世魔王，十处闯祸九处都有他，不是拿石头扔教室窗户玻璃，就是上课扯前面同学小辫，反正随时随地都能想出调皮的点子。

这天杨晗正在新房里指挥装修工人，接到老师气急败坏的电话，只得抛下一堆事情赶去学校。

原来杨晗的儿子这次闯了个大祸：他趁同学不注意的时候把人家鞋带绑在课桌腿上，结果同学起身一走就跌了个大跟头，额头撞在桌脚上鲜血直流。

杨晗一边连连对受伤同学的家长道歉，一边骂儿子不争气，好一阵才回到家。

回到家杨晗把儿子往沙发上一按："今晚什么都不许干，好好反思自己的错误。"

儿子的反思倒是张口就来："我不该这么顽皮，今天的事情是我错了，同学受伤我很内疚，妈妈老师生气我也很内疚。以后我会改，不要这么顽皮让大家担心，一定要做个好孩子好学生……"

杨晗道："说得倒是好听，没见你改。"说完又叹了口气，"以前你那么乖，为什么现在变成这样呢？"

"因为只有这样你才关心我。"儿子脱口而出，看了杨晗一眼又垂下头玩自己的手指。

杨晗愣了：这就是这段时间孩子特别调皮的原因？

这半年来，先是杨晗父母搬家，要装修新房要卖掉旧房，接着是杨晗公公婆婆想把房子重新装修下，杨晗自己帮忙准备装修，丈夫工作又忙，所有的事情都堆在杨晗一个人身上，忙得她喘不过气来，每天都是早出晚归，回来也是匆匆洗漱后上床休息，不免忽略了儿子。

杨晗算了算，好像真的只有儿子闯祸后自己教育他的时候，两人才有相处长谈的机会，其他时间她总是在忙自己的事，不像以前那样经常和儿子聊天玩耍。

想到这，杨晗愧疚地说："是妈妈不好，妈妈忙起来就忘了你。以后妈妈一定经常陪你，不用你闯祸妈妈才注意你好不好？"

从那以后杨晗再忙每天也会留出亲子时间，儿子也恢复了以前乖孩子的模样。

出色妈妈课堂

孩子顽皮让人头痛，但并不表示孩子"变坏"了，很多时候孩子故意做些让家长烦恼的事情，只是因为他希望获得更多的关注而已。

会哭的孩子有糖吃，当孩子发现自己乖乖听话却遭到忽略的时候，就会尝试违反父母定下的规则，而被惩罚——在孩子看来代表父母关注他，他会认为这是一种有效地吸引注意力的手段而乐此不疲，在父母看来就是孩子越来越顽皮了。

实际上，只要父母能够给孩子足够的安全感，让他觉得自己没有被遗忘和忽略的时候，这种捣蛋来吸引父母注意力的行为就会自动停止。相反，如果孩子的渴望一直没有得到满足，那么无论怎么教育，这种情况都会一直持续下去。

课后作业：忙妈妈的锦囊妙计

（1）如果自己和孩子的空闲时间老是错开，那么不妨使用写信的方式和孩子进行沟通。

（2）不必每天都长篇大论地交谈，有时候一个小小的短信就能让孩子明白你在想着他。

（3）礼物不必贵重，但最好是孩子想要的，避免用昂贵的礼物来弥补自己的愧疚，在这方面孩子比我们想的要敏感。

（4）向孩子解释自己繁忙的原因，告诉他你的愧疚，说"对不起"的时候要诚恳。

（5）如果长时间离家，记得带礼物回来。

（6）亲手为孩子做点什么，过程的意义远大于东西本身。

（7）向孩子报告每天的行程安排，让他明白你在做什么。

（8）告诉孩子事情的每一点进展，询问他的意见，让他有自己也在参与的感觉。

风头VS风云

老师向伍馨抱怨，说她的儿子太喜欢出风头了，老师在讲台上讲课，他就在下面说俏皮话，有时候弄得全班哄堂大笑，严重影响课堂秩序。

回到家，伍馨和儿子谈这个问题，想不到儿子居然沾沾自喜地说："大家都夸我聪明，口才好，说我以后说相声、演小品都没问题，绝对能成超级笑星。"

"你又想当笑星啦？你不是说以后想当科学家吗？"伍馨问。

儿子摇摇头："我不想当笑星，还是想当科学家。"

伍馨纳闷了："那你为什么还这么做？"

"因为他们都夸我嘛，我喜欢同学们佩服我。"儿子嘟囔着说。

伍馨发现了问题的症结：儿子这么做是为了出风头，让大家夸奖他呢。

"你以为大家真的佩服你啊？"伍馨问儿子。

儿子回答说："当然，要不为什么他们每次都大笑，不是支持我是什么？"

"你想想，他们是支持你还是在笑话你？"

伍馨拿儿子最喜欢看的武侠小说举例了：虽然有些角色每次出场都引来大家的笑声，但是谁会真正看得起他们？只有侠客英雄说的话、做的事才引人佩服，说到他个个都竖大拇指。

"你现在这叫哗众取宠，和书里的小丑没什么两样，叫风头人物，是拿来给人开心的，同学们笑你不会佩服你。"伍馨告诉儿子，"成绩棒，体育好，有特长，关心帮助同学，说出去都说你是个好学生好朋友，那才叫做风云人物。"

"成绩好、体育好、对人好就能成为像大侠那样的风云人物？"儿子问。

"是的，只有真正做出成绩才能赢得别人的尊重，才会成为真正的风云人物。"

儿子点点头，坚定地说："我再也不在课堂上乱说话了，我不要做风头人物，我要做风云人物！"

出色妈妈课堂

有时候孩子顽皮并不是有意哗众取宠,而是他根本不知道怎么样做才能赢得大家的尊敬。

孩子不是成年人,不能很好地分别嘲笑、起哄和发自内心的欣赏与支持,在他看来,有人因为他的行动而笑,有人为他鼓掌欢呼,就是对他的肯定。为了继续获得这种感觉,他就会继续这种行为。

这种行为的动机是积极的,表现孩子希望获得肯定并为之努力的心态,如果全盘否定,则可能让孩子变得消极,不再为自己树立目标而积极进取。向孩子解释胡乱出风头和真正风云人物的意义,调整孩子的努力方式和方向,则是解决这个问题最好的方法。

Chapter3 情感篇
第七章 爱是一种习惯

　　亲情是一种本能，自私、冷漠、疏离、隔阂往往是因为母亲的错误。

　　错误的表达会让孩子与你疏远，失败的沟通让孩子厌倦，不给孩子表达爱的机会，他会放弃，不认可孩子的爱他会灰心。

　　一点一点，孩子慢慢失去爱的能力。

　　说不出来，会做不出来，不被人接受，只能放在心里的爱，不是爱。

　　我们都需要学习表达爱，感受爱，让爱成为母亲和孩子间永远的习惯。

你在和谁交谈

洪雪觉得儿子不亲近自己,每次对他爸爸、对其他叔伯阿姨都有说不完的话似的,一到自己面前就变得沉默寡言。

她忍不住向丈夫吐露了自己的困惑,丈夫"噗"一下笑出声来:"知道了吧,除了我谁都受不了你那个脾气,连儿子都不行?"

"我又怎么了?"洪雪有点不满。

"你呀,就是个战争时期的军官!"丈夫开始历数洪雪和儿子说话的套路。

"今天作业做了吗?"

"做了。"

"单词背了吗?"

"背了。"

"琴练了吗?"

"马上就去。"

这是上级考查下级工作的模式。

"今天怎么回来得这么晚?"

"堵车。"

"我从超市回来的时候怎么没看见堵车?"

"你那是几点,我放学都五点了!"

"不到一个小时,就堵得这么厉害了?"

这是力求找出蛛丝马迹的审问犯人模式。

"这次怎么才考这么点分?"

"这考试难,全班都考得不好。"

"那你是不是第一名?。"

"是啊。"

"光是第一名也别骄傲,你看你做错了这么多,说明还是学得不好。"

"那些题老师都说超标了！"

"你要是学得好，超标也能做。"

这是欲加之罪，何患无辞的敌对模式。

丈夫说完，问洪雪："你愿意跟一个老审查你、挑你毛病、不相信你话的人说话吗？你像个上司，像个法官，像个辩手，就是不像个妈妈。在你面前别人不是紧张就是郁闷，孩子爱跟你说话才怪呢。"

出色妈妈课堂

孩子不爱交流，到底是孩子的原因还是自己的原因？

平等和尊重是交流的基础，只有这样的交流才能有愉悦的感觉，才会使对方有希望交流的欲望。在这一点上，成年人和孩子并无不同。

但是因为交流的对象是自家孩子，从小看着他长大，母亲往往会不自觉地把他当做一个事事需要人照顾提点的幼儿，单方面地灌输信息，不信任他的行为，这样的交流就变了味道。

而孩子已经逐渐长大，很难接受这种一边倒的所谓交流，无法接受命令式挑刺式的谈话，不愿意处于一个被支配、被怀疑的位置，唯一的方法就是避免和家长进行交流。

因此，当孩子表现出不愿和自己交流的时候，首先要检查的，不是孩子的心理问题，而是你自己的谈话方式。

课堂笔记：孩子最讨厌的三种说话方式

方式	说明
支配式	不断地下令孩子做某事，单方面地灌输信息。例："赶快把作业做了，别看小说，多背背单词，还有新买的参考书翻翻。"
审查式	要求孩子交代他的一切行为的细节，并且对这些细节不断挑剔。例：你说已经好好学习了，为什么还是考的这么差
否定式	永远没有表扬只有批评，不管孩子说什么都能找出否定的理由来。例：拿奖有什么了不起，为什么没上报纸

闭上嘴，专心听

"我很羡慕好朋友小玲，她有个很疼她的妈妈，总是和她聊天谈心，什么事情都会问问她的意见。而我却那么寂寞，在家没有任何人了解我的心事……"于晴阴阳怪气地念着女儿的作文。

"我好希望有一个朋友一样的妈妈，在我身上多花一点时间，去了解我想什么……"于晴气得把作文本一摔，抱怨说："你这没良心的，我那么关心你，还觉得我对你不够好。"

于晴是委屈的，她觉得自己的确做得够好了：

自己遇上什么新鲜事，都会告诉女儿；

家里要做什么决定，大到换房买车，小到换个沐浴露牌子，都会告诉女儿；

每年生日和六一，她都会为女儿精心挑选礼物；

遇上什么好吃的、好玩的，她都会为女儿买一份；

……

这样的妈妈还不够模范？女儿还要抱怨没有一个了解自己爱自己的母亲？于晴真是又生气又伤心。

可是女儿却是这么对爸爸说的：妈妈成天在我耳边唠叨，大事小事都要说，烦死了。可我想跟她说点什么，她不是说没空就是心不在焉，要不就是扯到别的事情上去。做事说是为我好，可是不管我想不想要。

就拿上次于晴和朋友到西安去旅游来说吧，女儿叮念着那边的兵马俑，说了好几次让妈妈带一个小模型回来。可是于晴辛辛苦苦带了好多西安小吃，根本记不得女儿想要模型的事。女儿闷闷不乐，于晴觉得自己费力不讨好，又是一番争执。

最后，女儿抱怨说："什么时候妈妈才肯听我说说话呢？"

出色妈妈课堂

家长都知道和孩子交流的重要性，但交流的数量不等于质量，有时候所谓的交流只具有表象，并没达到交流的目的。

文中的于晴就是一个很好的例子。她花了很多时间和女儿"交谈"，为女儿做了很多事，不能说她是一个不爱孩子的母亲。但是在这个交谈的过程中，她只是在倾诉自己的想法，并没有认真地去听孩子在讲些什么，中间只有信息的输出而没有接纳。所以她花再多的时间都难以取得沟通的效果，不但让孩子觉得自己的意见被忽略，而且因为不够理解孩子而多做多错，和女儿产生了误会。

有位贵妇人称赞卡耐基是自己遇见最好的谈话对手，而卡耐基却说在和她谈话的过程中自己没说几句话，只是静静地倾听。倾听是一门艺术，表达了你对说话者的尊重，让你有时间去思考对方所说话的意义，而于晴缺少的，正是每个出色妈妈必不可少的技能：聆听。

课后作业：你的孩子在说什么？

（1）孩子和你主动说话，不要急着表达你的看法，先弄清他要说什么事情。

（2）确定他告诉这件事的目的，是单纯的分享还是有什么暗示。

（3）判断他的想法正确还是错误。

（4）考虑应该怎么应对，但绝不可以不作应对。

（5）重要的话，找个本子记下来以免遗忘。

把辛苦讲给孩子听

赵曼的儿子上小学一年级，正是"七八岁狗都嫌"的年纪，每天都能想出新招来把家里弄得天翻地覆，是个不折不扣的混世魔王。

这天赵曼花了一整天做了大扫除，把家里擦得窗明几净，刚到厕所待了一小会儿，出来几乎觉得自己来到了另一个世界。

整个屋子到处飞舞着白色的雪花，所有的家具上都覆盖着一层白色的小颗粒，玻璃窗上歪歪斜斜地写着"ABC""123"，还画着一张鬼脸。儿子手里拿着一大筒喷雾正玩得欢呢。

赵曼一看糟糕，这不是上次圣诞节剩下的喷雾吗，今天大扫除的时候从旮旯里找出来，还没找地方放好就被儿子拿来乱喷，一天的辛苦都化为乌有。

这时候丈夫也回家了，看见这场面自然明白是儿子捣蛋，立刻抢过儿子手里的喷雾，准备上一堂政治课。

儿子看看客厅，眨眨眼，吐吐舌头，望向丈夫："我不是有意的，看见那个放在桌上按了几下就成这个样子了。"

"还说，都是你。不是弄什么喷雾，就是玩水枪弄得到处是水，叠纸飞机，把灯泡当靶子玩弹弓……"丈夫历数孩子的劣迹，越说越气。

"不就是玩玩嘛。"儿子低着头，不以为然地撇撇嘴。

看着儿子这样子，丈夫更生气了，抬起手准备给儿子一巴掌。儿子看见要挨打了"哇"的一声哭出来。

赵曼拦住丈夫："我来吧，你去看看厨房汤烧开没有？"

支走丈夫，赵曼拉着儿子到沙发上坐下："没事，妈妈知道你只是好奇玩玩而已，不是有意要把房间弄乱的，对吗？"

儿子点点头。

"没关系，哎哟……"正说着，赵曼一扭腰，叫了起来。

"怎么了，痛吗？"孩子关切地问。

"痛，今天做清洁的时候扭伤了。"赵曼抚着腰说，"屋子这么大，妈妈要弯着腰扫地，要抹家具上的灰，要使劲擦玻璃，还要把东西放回原处。现在腰也痛，手也酸，腿也软了。"

儿子吃惊说："这么严重啊？"

"是啊，做清洁真的好累。哎，要是可以少做几次就好了，妈妈就没有那么辛苦了。"赵曼夸张地叹了口气，"可是不做怎么办，你看现在不是又乱了？来，扶妈妈起来，我去拿扫把扫地。"

"我来扫地。"儿子冲过去把扫把拿到手里，"妈妈累了，妈妈好好休息。"

赵曼一笑，不再坚持。

那天，是儿子打扫的客厅。从那以后，客厅也再没那么乱过。

出色妈妈课堂

孩子的认知程度和看待问题的角度与成年人不同，包括一间房间是否干净，自己是否应该承担无意间弄乱房间的责任，两者的意见会有很大的差别。当家长用自己的判断标准来判断这件事孩子是否做错的时候，孩子会感到不理解和委屈，表现出抵触情绪。

清官难断家务事，有时候以理服人不如以情动人。告诉孩子你的辛苦和付出，让他明白一切是因为他的原因，自然会激起他愧疚的情绪，主动作出弥补和改正。虽然他的出发点未必和你一样，但是坏习惯却得到了纠正。

同时，对孩子讲述你的付出并不是"评功摆好"，而是间接地培养他对生活的认识，明白一个家需要各个成员的付出和维护，增强他的责任感。在我们的社会传统中，做好事不留名，施恩不图报，但是当对象是自己的孩子的时候，这种做法却会让孩子忽略你的付出，认识不到自己没有尊重别人的劳动。只有让他切切实实明白你做了什么，付出什么代价后，他才会意识到这些东西的可贵而变得珍惜和重视。

— 随堂测试：你是家庭老黄牛吗？—

你总是抱怨孩子不理解你的辛劳吗？你总是干了许多活却被家人以为是无所事事吗？快来看看你是不是一头家庭老黄牛。在下列问题中，选择最接近你实际生活的选项。

（1）客厅地上有一片纸屑，你会怎么做？

A. 捡起来随手扔掉

B. 捡起来看看是什么

C. 大声喊："谁又乱扔东西了？"

（2）家人一起外出，你一直想着哪件事而难以全心投入游玩中？

A. 电闸没拉

B. 窗户忘关

C. 洗衣机里边有衣服没晾

（3）打开信箱，一堆东西掉了出来，你会先看什么？

A. 报纸

B. 信件

C. 广告单

（4）你通常在哪吹干头发？

A. 卫生间

B. 卧室

C. 客厅

（5）孩子的房间实在太乱了，你会怎么做？

A. 催促他收拾

B. 自己动手收拾

C. 装作没有看见

计算分数

	A	B	C
（1）	0	5	10
（2）	10	5	0
（3）	5	10	0
（4）	0	5	10
（5）	5	0	10

得分 0~20，是任劳任怨的老黄牛。你的确吃苦耐劳，可是别人却未必在乎你的功劳。他们是真没注意到，还是已经对你的付出习以为常了呢？对家人撒个娇吧，让他们注意到你是多么重要。

得分 21~35，是成长中的小黄牛。对自己的待遇愤愤不平，总觉得自己做得太多而别人不够珍惜。也许是因为你的表达方式让人反感了呢？继续唠叨是吃力不讨好，可是不再唠叨却可能让人忽略你的付出，什么才是两全其美的方法呢？

得分 36~50，是无敌牛魔王。知道自己在做什么，限度在哪里，所有的事情都在你的操控之中。在你的指挥下，大家各司其职，小家会被打理得井井有条，大家也绝不会忽视你这位领导者的功劳。

家庭剧场今日开张

梅婷是很喜欢《黑猫警长》的,它可是童年时代风靡一时的动画片啊,哪个小孩不会唱几句"啊啊啊,黑猫警长。森林公民向你致敬,向你致敬"?漂亮的人物,好看的剧情,绝对是孩子的娱乐圣品。

所以当梅婷看见有卖黑猫警长的玩偶时立刻买了一个,顺带买下了白鸽侦探和老鼠一只耳,准备送给儿子做生日礼物。

可是孩子似乎并不喜欢这份生日礼物,他左看看,右看看,问梅婷:"妈妈,这是什么?"

"这是黑猫警长啊,不喜欢吗?"

"黑猫警长?"儿子不明白。

梅婷开始给儿子讲黑猫警长的故事和自己喜欢它的原因,可是儿子听得并不专心,后来还打了个哈欠。

吃过生日蛋糕,儿子又跑到自己屋里对着电脑坐下了,玩具被扔在沙发上。梅婷瞅了一眼儿子的电脑屏幕,里边打打杀杀的都是自己不认识的人物。

或者这就是问题所在?梅婷心想。以前自己小时候,一家人晚上就会坐在沙发上一起看电视,有时也会一起出去看电影,大家看到的都是同一部节目,自然有说不完的话题,彼此喜欢什么、讨厌什么都很清楚。

现在呢?一吃过饭,儿子就跑去对着电脑干自己的事,自己和丈夫轮流占用另一台电脑和电视机。因为网上资源丰富,于是也很少一起出门看电影。久而久之,一家三口连对方最近看了些啥都不知道,明明在一套房子里,却连共同话题都没有。

第二天吃过饭,梅婷把丈夫和儿子叫到沙发上坐下,宣布"家庭影院"正式开张。

家庭影院?丈夫和儿子不解。

梅婷解释说,以后每周一三五大家都要坐到一起看看电视聊聊天,至少两

个小时。周末呢，则安排一起看一部电影。

"第一个月我来做主播，安排大家看什么片子。"梅婷说，并且拿出几张她觉得老少咸宜的影碟。

一开始，丈夫和儿子对这个计划没什么兴趣，只是给梅婷面子照着做而已。可是渐渐地，他们发现大家的话题多了起来，梅婷知道了奥特曼那家伙到底干了些什么事，儿子也学会称赞妈妈："妈妈今天好漂亮，像《珠光宝气》的演员。"

现在，不光一三五，每天大家吃过饭都会聚到沙发上一起看电视、放影碟，周末大家也会积极推荐自己想看的电影，有时候还会为了抢不到主播权而生气呢。

出色妈妈课堂

父母子女之间需要交流，但是需要的是随意的、无处不在的、纵横各方面的交流，不应该也不可能是安排好今天的话题比如关于你的英语，然后要求大家坐下来谈谈。严肃的谈话数量不应太多，真正联系亲情的沟通在于日常的交谈。

但是谈什么却成为困扰家长的话题。当住房条件改善，电脑互联网普及后，不管是家长还是孩子都逐渐把自己关在一个小天地里，只接触自己喜欢的东西，而对对方的兴趣缺乏了解。两代人之间缺乏共同话题，加上代沟，谈话自然难以展开。而日常琐碎无聊的攀谈则更加使得双方对这样的对话失去兴趣，即使保持聊天的习惯，也仅仅是停留在生活的表面而难以触及彼此的思想，无法加深了解；更谈不上理解、支持和尊重，反而会因为以己度人造成误会甚至矛盾。

留出时间，强制大家共同参与一件事情，则是打破彼此间隔阂的好办法。有更多时间的相处，有更多的话题相互沟通，更多情感与思想的交流，会在一定程度上填补代沟带来的沟壑，并且在言行上更为同步，更有"一家人"的感觉。

课后作业：从秒到年的家庭时间

（1）秒。不说话，对视数秒，试试用目光进行沟通。

（2）分。不要以为谈话就要长篇大论，习惯抓住零碎的几分钟表达自己的意见。

（3）小时。拿出一个小时什么也不做地坐在一起，会发现相互之间其实可以有很多话题。

（4）天。周末谁也别出门，一家人在家待一天，做做家务整理房间，来次打扫卫生总动员。

（5）周。一周一起看一部电影。

（6）月。每个月一起出游一次，哪怕只是逛街用餐。

（7）季。每个季度安排一次家庭短途旅行。

（8）年。每年安排一次家庭长途旅行。

猫猫狗狗的快乐时光

儿子曾再三提出养一只猫或者狗，田丽总是拒绝，因为她觉得家里有儿子一个已经乱成这样，要是再添一只宠物，那还不翻了天？

可是当儿子抱回一只脏兮兮的流浪狗时，田丽看着可怜小狗柔弱无助的目光时，把狗赶出家门的话实在说不出口。

于是家里便多了一个成员，还是一位身体不好、特别需要照顾的成员。

田丽心中暗自叹气：这屋子以后更难收拾了。

可没想到的是，田丽的担心并没有成真。

早上一起床，儿子会先跑到厨房拿狗粮喂狗；

吃早饭的时候，儿子会留下一小半牛奶给小狗，说是为小狗增加营养；

放学回家，儿子会先看看小狗有没有什么变化，是不是更强壮一些；

吃过饭，儿子会主动带小狗到小区散步；

送小狗去看医生、询问上户口事宜、带小狗打疫苗，都是儿子一力承担。

在田丽眼里，儿子一直都是毛毛躁躁、没心没肺的，可是当儿子和小狗在一起的时候，他就骤然变得成熟起来，细心又有耐心，有时候简直可以用"慈爱"两个字来形容。

在儿子的悉心照料下，小狗的身体渐渐强壮起来，有精神和孩子嬉戏了。看着儿子和小狗滚做一团，互相追逐时的笑容，田丽觉得当初答应留下小狗实在是明智之举。

何况，田丽自己也是受益人呢：儿子现在变得懂事多了，不但会主动收拾房间，把他的事情安排得头头是道让自己省了不少心外，还会主动关心家人了。田丽自嘲说，自己也沾了小狗的光，沾了狗运了。

出色妈妈课堂

经常有母亲抱怨，觉得孩子年纪不小了，还是不懂事，不知道关心别人。

这就等于他不爱自己的父母了吗？未必如此，有可能他只是不懂得如何去关心和照顾自己的家人。在孩子的成长过程中，父母一直扮演照顾者的角色，孩子一直被动地接受这份关爱，没有机会去学习和实践如何照顾别人。成长中这一课的缺失就会导致孩子只会习惯性地接受照顾，对于照顾别人则是有心无力，不知道怎么去表达自己对父母的关爱。

宠物则是弥补这一环节的关键。科学家指出，孩子对动物有一种天然的亲近感，会主动产生照顾和关爱它们的心理。当家庭里出现比自己更"弱势"的成员时，孩子纯"接受者"的身份就会自动升级为"接受者兼付出者"。他们在宠物身上逐步实践和习惯付出自己的爱心。有句话叫做"宠物是孩子的孩子"，就是这个意思。

而宠物对孩子的依赖则对孩子信心的养成有一定的良性作用，它所提供的亲密和爱对于独生子女家庭关系是一种很好的补充。

所以，拥有宠物的家庭中，孩子的责任感和情商往往高于平均水准。而一只活泼健康的宠物如猫、狗，则会为家庭增添许多乐趣，使家庭充满愉悦幸福的气氛。

课后作业：健康宠物，健康宝宝

（1）保证宠物的健康，喂养前最好对其进行身体检查。
（2）定期为宠物接打疫苗。
（3）最好不要让孩子亲吻宠物，阻止孩子带宠物上床。
（4）督促孩子和宠物嬉戏后洗手。
（5）定期为宠物洗澡，保持宠物进食和休息区域的干净。
（6）一旦孩子被宠物抓伤或咬伤，及时就医并注射疫苗。

礼物不是一切

同学们都羡慕张勇有那么多好东西：玩具、书籍、零食、衣服，每一样都是最新最好的，价钱自然也是最贵的。

可是张勇并不觉得快乐。每天放学他都磨磨蹭蹭地最后一个离开学校，因为实在不想回到那个冷冰冰的家里。尽管装修豪华，里边琳琅满目地堆满了让朋友们羡慕的好东西，可是他还是觉得屋里很空。

张勇的父亲做生意，工作很忙，常年见不到人。母亲虽然没有全职工作，可是走亲访友外出旅游玩乐占据了绝大部分时间，常常要张勇入睡之后才回到家，而白天张勇上学的时候还在蒙头大睡。

虽然父母总是给张勇买最新最好的东西，出远门也从不忘记给张勇带回礼物，可是张勇还是觉得父母并不爱自己。他宁可用所有的礼物换一对活生生的父母，而不是只能对着相片和手机上的一串号码发呆。

出色妈妈课堂

现代都市人的一大标志就是忙。

为了弥补自己因为繁忙而无暇陪伴孩子的内疚，或者说是为了为孩子争取更好的生活而不得不如此繁忙，家长总是给孩子提供尽可能好的物质条件，以为这样就能够表达自己对孩子的爱，对孩子就好。

然而对孩子来说，再多的礼物也比不上父母的陪伴。沉醉在物质的海洋中却缺乏与父母真实的相处，孩子的精神世界依旧是荒芜贫瘠的。礼物是没有生命的，即使它再贵再好，也无法替代父母。长年用物质来表达亲情，只会让孩子觉得缺乏家庭温暖，变得冷漠内向，容易产生心理问题。

同时，长时间的情感饥渴会使孩子的性格遭到扭曲而走向两个极端，一是变得极端内向，回避和他人进行感情交流，即低情商；一是认为物质能代替情感，成为彻彻底底的物质主义，成为玩世不恭、挥霍感情的一员。

出国，晚一点行吗

明年孩子就要小学毕业了，许琼开始到处联系打听送孩子去美国读书事宜。

事情有了点眉目后，许琼告诉了孩子这个打算。一开始，孩子十分惊喜，连连追问美国是不是有米老鼠的那个国家，是不是有迪斯尼乐园。翻看了一些资料后，又憧憬地问那边是不是不用考试，上课氛围是不是十分轻松。

可是这天孩子吃饭时突然问许琼："爸爸妈妈不去美国吗？"

"是啊，爸爸妈妈这边还有很多事，暂时走不开。"许琼回答。

儿子拉下小脸："那我一个人在那边不是很没意思？"

"不会啊，有很多和你差不多年纪的小伙伴一起呢。而且我们联系的是家庭式公寓，房东夫妇人非常不错，对待住在那的小房客都像自己孩子一样。对了，他们还会做好吃的比萨，比必胜客的还好吃。"

儿子没说话，低头吃饭。

从那天后，儿子时不时就表现出闷闷不乐的样子，要不就没头没脑地问许琼一些问题：

"妈妈，放假的时候会来看我吗？"

"妈妈可以多给我打电话吗？"

"那学校要开家长会怎么办？"

"我生病了谁喂我吃药呢？"

……

这天晚上许琼听见孩子房里传来隐隐的哭声，跑过去一看，孩子正对着床头相框的全家福流泪，看见许琼就呜咽着说："爸爸妈妈，我好舍不得你们。"

看着这一幕，许琼犹豫了，把孩子送出国的打算真的对吗？

出色妈妈课堂

国外能够给孩子提供更好的教育环境，远离家乡的生活也非常锻炼孩子的独立性和生活能力，但尽管如此，心理学家还是认为孩子不应该过早离开父母出国求学。

青春期是一个非常敏感的成长阶段，众多生理和心理的变化使得孩子迷茫困惑，以及害羞甚至惶恐。这个时候他们非常需要最亲近和信赖的长辈在身边给予解答和安慰，远离家庭的生活迫使他们独自面对这些问题，巨大的压力极有可能扭曲他们的心理。

同时，十多岁的孩子价值观、人生观尚未定型，极容易受外界影响而改变。如果没有家长在旁随时进行指引和校正，那么可能因为一时不慎而走上歧路，对人生造成巨大的影响。

因此对于出国求学，如果不是举家前往则孩子的年龄不宜太小，不妨推迟到大学之后再作考虑，效果或许更好。

带他去旅行

之前因为跟着做生意的丈夫东奔西跑,所以裘虹一直把孩子寄养在老家母亲那,直到这两年生活稳定了,孩子也到了上小学的年纪了,才把孩子接回来。

可是如今一家团聚了,却没有一家团聚的气氛。孩子对于这个陌生的家,和之前一年只能见上一两次的"爸爸妈妈"非常排斥,不管裘虹夫妇怎么对他好,他还是不开心,动不动就嚷着要回姥姥家。

总不能真送他回去吧?孩子认生可以理解,可是要等他熟悉认可自己得多久呢?马上就要开学了,这样的情绪又怎么行?裘虹快要愁死了。

这天孩子闹着要游泳,因为之前他在老家每年夏天都会到河边玩耍,如今天气炎热,又怀念起水里凉爽畅快的滋味了。

难得孩子主动说出希望,裘虹便安排带他去附近的度假村,打算趁学校还没开学,好好地让孩子玩几天。

想不到的是,这三天孩子对她感情的增长抵得过之前的三个月。路上,孩子开始还有点羞涩,后来就喋喋不休地讲述自己看到的稀奇事;到了度假村,孩子乐得这里跑那里跑,还不断呼唤裘虹一块玩耍;穿衣吃饭,样样都会征求裘虹的意见……

三天转瞬即过,裘虹带着恋恋不舍的孩子回到了家。她想,很快自己就会安排下一次旅行了。

出色妈妈课堂

钱锺书说,旅行是婚姻的试金石,因为出门在外的疲劳困苦可以让恋人们彻底露出真面目来看看彼此是不是合适。但是另一方面,旅行也是极好的感情黏合剂。

首先,旅行强制将双方长时间地绑定在一起,经历相同的事物,无心中促进了交流的机会,也延长了交流的时间,一次短途旅行双方交流的信息往往是

日常生活的好几倍。

其次，旅行这种休闲形式使人的精神不由自主的得到放松，加上远离原来的生活环境，受到的束缚较少，为交流提供了良好的心态。

再加上共处于一个完全陌生的环境，对于身边较为熟悉的人会不自觉地产生亲近感和依赖感，使得亲密度大大提升。

另外，旅行带来的良好感觉会成为人们心中的烙印，这种愉悦感会潜意识地衍生到旅伴身上，使得对其好感大大增加。

由此可见，对于平时和孩子交流不多或交流质量不高的父母来说，带孩子一起去旅行则是增进彼此感情、促进交流好方法，尤其是对于出现交流障碍或者沟通问题的家庭，一起旅行可能是一个化解矛盾的契机。

一起为梦想努力

看见儿子昂首挺胸地走上领奖台，萧潇心潮澎湃：这一天来得多么不容易。

从孩子对绘画感兴趣起，自己吃的苦并不比儿子少：为孩子报绘画培训班、四处联系口碑好的美术老师、站在教室外面等孩子放学、到处打听哪里有比赛或者展览的机会……

她和儿子的共同愿望就是：拿到一年一度的新芽杯国家青少年书画比赛的奖牌，让自己的作品展现在全国人民面前。

多年的夙愿终于在今天实现了，萧潇感慨万千。想不到接下来儿子的话更让她的泪水夺眶而出。

颁奖之后，主持人问儿子有没有什么想说的话，儿子接过话筒大声说："我要感谢我的妈妈，没有她就没有我的今天。她给我买最好的画笔颜料，为我请最好的美术老师，督促我每天练习，在失败的时候鼓励我，我今天才能够站在这里。妈妈，我想对你说，我们的梦想实现了，我们终于拿到这个奖了！"

看着儿子红着眼睛挥舞手上的奖杯，听着他说"我们"，萧潇又是自豪，又是感动，一时间说不出话来。

出色妈妈课堂

孩子在成长过程中逐渐有了独立的思想和情感，不再如幼儿般依赖父母，如果发现感情难以和孩子同步，不知道和孩子聊些什么，不知道孩子需要些什么，那么制订一个共同的目标就是打入孩子精神世界最好的楔子。

共同的目标成为你们的话题，架起了相互沟通的桥梁。在一起为梦想奋斗的过程中，作为朝着一个方向前进的伙伴，家长首先获得的是孩子的认同感，而这是在"父母—孩子"这种上下甚至带着对立的关系中难以得到的。由于一起为同一目标努力，几乎无需调整双方的情绪就会一致，相同的情绪频率为沟通营造了良好的氛围。密切而良好的感情交流会扩散到日常的其他交流中，有助于亲密和谐的亲子关系。

同时作为合作的伙伴，你们平等的身份会使得双方在交流的时候不自觉地进行思想和言行方式的调整，不同于往日的沟通氛围会使得沟通更为顺畅，对对方的想法和做法更为了解和认可，使矛盾得到缓和转机。

而目标一旦实现，良好的心理感受也会反作用于彼此，为感情交流添上浓墨重彩的一笔。

课后作业：随时随地打造亲子梦想

并不一定能要有宏大的目标才能称之为梦想，随时随地都可以打造亲子梦想。

（1）买一盒拼图和孩子一起拼完整，挂起来。

（2）一起在大街上追赶快要离站的公共汽车。

（3）定一个小型锻炼计划，如坚持100天不坐电梯上楼而走楼梯，互相鼓励监督。

（4）遇见报纸杂志上有智力题的时候，和孩子一起寻找答案。

（5）逛超市的时候，和孩子一起寻找宣传单上的每一件促销商品的位置。

（6）把家务活当做敌人的堡垒，和孩子一起攻克它。

（7）一起制作一件模型，用颜料在成品上写上你和孩子的名字。

安上电话闹钟

任意的女儿以全校第一的成绩考上了重点中学,可是学校很远,不得不住宿,学校管得严,每个月才能回家一次。

从没离开家三天以上的女儿很不习惯,想家想得厉害,电话成了她唯一的寄托。

"妈妈,你多说话吧,我想听你的声音。"

"妈妈,不要挂嘛,再聊一会好不好?"

"妈妈,记得明天给我打电话哦。"

女儿是这样贪恋电话里传来的家的温馨,于是任意和她约定每晚十点打电话到女儿寝室,母女俩进行睡前聊天。

可是任意总是忘记按时打电话,不是干活忘记了,就是提早上床睡着了,或者串门没有回家也就没打电话,有时候女儿打电话过来手机关机或者没听见而不复机,让女儿可怜巴巴地守着电话空等。

这天任意看电视剧看得入迷,时针早过了十点还聚精会神地坐在电视机面前一动不动,直到电话铃响起。

"妈妈,又在干吗啊?"女儿有些不高兴。

任意有些不好意思:"哎,看电视忘记了。有什么事,说吧。"

"你不要这么不在乎好不好,讨厌你们敷衍我。"女儿突然发火了。

"你怎么了?不就是看个电视忘了给你打电话吗,值得发这么大脾气?真是的。"

"自己说话不算数还有理了。不想打电话就明说,以后不打了,再也不打了。"女儿"砰"地挂掉电话,任意真搞不懂她哪来那么大的火。

出色妈妈课堂

同样一个电话,对于任意来说可能是一次普通的闲聊,对于女儿来说则是

她的精神寄托，代表着家和自己的联系，意味着父母是否在意她、关心她，所以她对每天的电话相当重视，对任意不重视电话难以理解并且感到惶恐，以至于行为带有歇斯底里的味道。

初次离家的孩子往往会对家格外想念，除了对陌生环境不适应的迷茫使他们希望向熟悉的环境靠拢外，潜意识中还会产生害怕父母遗忘自己的惶恐。这个时候他们尤其需要来自父母的关怀。当他们的需求落空的时候，心理落差和受损的自尊心会使他们做出较为激烈的行为，来掩饰自己的真实感情，甚至为了维护自己的自尊而故意疏远家庭、拒绝亲情。

因此在这个阶段，父母尤其需要注重自己的言行，给予孩子特别的关怀以免刺激他们敏感的心灵。任意这种粗心大意的妈妈，最好用闹钟来提醒自己。定期、定量地为孩子提供感情支持，孩子才能够顺利地度过独立生活的第一关。

一天一个睡前故事

金妮的儿子四岁了,长得白白胖胖活泼可爱,是个精力十足的小家伙。

可是到了晚上,这份讨人喜欢的优点就变成了缺点:怎么哄他都不肯睡,关了灯离开他就吓得大哭大叫,可要是金妮守着他,他就不停地问东问西,就是不睡觉。

这天金妮买了本童话书,抱着儿子讲给他听。不料才半个多小时,刚才还一副精神劲的儿子竟然呼呼大睡起来。

难道故事有催眠作用,可儿子不是很爱听吗?金妮非常疑惑,可是疑惑归疑惑,她第二天还是试着在上床时间讲故事给儿子听。

果不其然,儿子开始听得津津有味,可是不一会就睡着了。

之后每天晚上金妮不再催儿子上床睡觉,而是换上了这么一幕:

"妈妈,该讲故事了。"儿子催促。

金妮不依:"你还没漱口洗脚呢。"

"妈妈,该讲故事了。"儿子洗漱完毕又催。

金妮拿出故事书:"到床上去我就讲。"

儿子顺从地脱掉衣服钻进被窝,担心地望着金妮:"妈妈,我还要听三只小猪的故事,后来大灰狼到底吃到他们没有呢?"

"妈妈讲给你听。大灰狼吹倒了第一所稻草盖的房子,又来到……"没一会儿孩子就忘记了刚才的担心,进入了梦乡。

金妮想:这倒是个好方法。

出色妈妈课堂

很多母亲都会遇到这样的问题:睡觉时间到了,孩子却不肯上床睡觉。

一味地哄未必奏效,还有可能使孩子故意如此而变得更加顽皮,但呵斥甚至打骂孩子使孩子在哭泣中入睡也绝不是好方法。实际上不愿入睡的原因很大程度上是因为儿童对自我掌控能力低，很难像成年人一样迅速地切换兴奋点，也就难以做到从玩耍的兴奋状态切换到准备入睡的状态，需要外部力量参与调节。

上文中的金妮为我们提供了一个巧妙地办法：睡前故事。

孩子喜欢听故事，以此诱惑他进行睡前的准备工作可以减少他的抗拒心理，迅速完成这一系列任务。之后讲述故事的过程中，孩子处于信息被动接受状态，大脑的兴奋程度会逐渐降低，自然而然地产生倦意。

当这个习惯养成之后，生物钟和条件反射形成，那么孩子每天到了该睡觉的时候躺在父母的怀抱中，就很容易产生倦意，大脑习惯这种变化，之后也就会慢慢习惯在这个时间入睡而不需要孩子自己做过多的调节。

同时在床上父母的怀抱中听睡前故事入睡对孩子来说是一种相当好的情感体验，听觉、触觉、味觉都积极地感受到来自父母的信息，加上讲述故事一般会持续到孩子入睡之后，在半睡半醒之间孩子的右脑会记取这些温馨的感受，形成大脑深处的幸福感受，使孩子在成长中更有安全感和自信心。

第八章　明明白白我的爱

　　孩子的心灵需要母亲的爱来浇灌，勇气、信心、自尊……无不由此而来，每一个孩子幸福人生的后面，无不有浓浓的爱意贯穿始终。
　　在传统教育下，你是否爱在心里口难开？
　　等孩子能够读懂朱自清的《背影》也许还有很多很多年，然而来自母亲的爱却是孩子从呱呱坠地那一刻起就需要的东西。
　　这爱要大声说出来，你的爱不需要含蓄。

永远拥抱他

韩君的儿子是个黏人的小鬼,小时候就喜欢攀爬在韩君身上,上学了还是常常靠在韩君身边撒娇。韩君很享受这种和儿子亲密无间的感觉,直到一天到家里玩的朋友惊讶地笑起来:"哎,这么大个人了还黏在妈妈身上,男子汉大丈夫,羞不羞?"

韩君一想也是,儿子都十岁了还那么黏人,也许的确是自己娇惯太过,这么下去说不定会养出个"娘娘腔"出来。

于是每次儿子想要抱抱韩君的时候,韩君都会闪开,告诫他说:"男子汉大丈夫,站直了,别总靠在别人身上。"

直到那天送儿子去为期一月的军训,看着儿子小小的个子背着大大的背包渐渐走远,韩君突然心头一酸,忍不住跑上前去抱住儿子,狠狠地把他搂在胸前好一阵才松开。

"妈妈,你是大人,这么做好羞哦。"儿子刚说完又放低了声音,"妈妈我好舍不得你。"

韩君开始回忆儿子想要抱自己的时候:

考试成绩不好,哭的时候;

拿了第一名,开心的时候;

收到礼物,表达谢意的时候;

舍不得离开,撒娇的时候;

……

韩君发现,拥抱这个简简单单的动作可以容纳如此丰富的感情,在特定的场合似乎难以找到可以完全替代它的方式。真情流露并不是一句"娘娘腔"。"黏人"可以概括的,自己为什么非要制止孩子这种爱意的表达呢?

她想,儿子军训回来的时候,她还要拥抱他。

出色妈妈课堂

在人类的各种动作中，拥抱是一种非常独特的行为，根据美国心理学家赫洛德·弗斯博士研究发现，经常拥抱的人比起同龄人会更加年轻有活力，经常彼此拥抱的家庭关系更为亲密，而经常和父母拥抱的孩子心理素质更好，生活态度更为积极，能够承受较大的压力。

在婴儿时期，母亲的拥抱能给孩子更多的安全感——拥抱的姿势便于哺乳，而缺乏拥抱的孩子则因为不安而易哭易病、情绪烦躁；尽管断奶之后这种物质上的影响不复存在，但是潜意识中孩子依然会借由拥抱获取安全感，希望通过这一动作从父母处获得支持。

对父母来说，拥抱则是通过肢体传达感情给孩子最直接的方式，一个简单的动作能在众多不同环境下给予孩子安慰和动力。中国传统文化一向以含蓄为美，父母子女之间的拥抱没有得到足够的提倡，反而会受到一些阻碍。但是了解到拥抱的来源和作用后，你还愿意放弃拥抱你的孩子吗？

课堂笔记：拥抱孩子的六个最佳时刻

（1）孩子起床时，拥抱会使他迅速调整好心理状态迎接新的一天。

（2）孩子入睡时，拥抱会在潜意识中给他安全感，使他尽快入睡。

（3）孩子成功时，拥抱可以让他感受到你心中的喜悦和骄傲。

（4）孩子受挫时，拥抱表示对他的接纳，减轻他的负疚和害怕被责怪的恐惧。

（5）孩子哭泣时，拥抱会使他的压力迅速传达出去，情绪逐渐镇定下来。

（6）孩子情绪低落时，一个拥抱传达你对他无尽的支持。

拍摄成长轨迹

王露早就对女儿说过,十六岁生日那天会送她一份特别的生日礼物。

终于等到这天,女儿期待地问王露:"妈妈,你到底要送我什么?"

王露掏出一个不大的礼物盒子,女儿猜道:"一根项链?一瓶香水?一条丝巾?"这些都是女儿平时叨念着想要的东西,毕竟女大十八变,青春少女开始注意打扮了。

女儿打开盒子,里边只是一张光盘。

"是大片吗?"女儿略有点失望。

王露摇摇头:"你放出来看看。"

女儿打开电脑放进光盘,一会儿显示器上出现了一个穿着呢子大衣的女青年,大约20多岁,朴朴素素的打扮却显得年轻漂亮。

女儿端详了一下,惊叫:"妈妈这是你,真漂亮啊。"

接下来,女青年变胖了,肚子高高突起,住进了医院,躺在病床上,光洁的脸上出现了褐色的斑纹。

一个小小的肉团出现女青年的身边,婴儿哭得鼻子眼睛皱成一团,女青年却笑得那样开心。

"哈,我小时候真丑。"不用说女儿也知道,那个婴儿是她。

婴儿渐渐长大了,会吃奶瓶了,会走路了,会骑在妈妈肩上照相了,会玩洋娃娃了,会背着书包上学了……女儿看得津津有味,想不到把自己小时候的照片连接起来看是那么有趣。

录像里还记录了不少内容,引起女儿一阵阵惊呼:"哎呀,那不是我的洋娃娃吗,早不知丢哪去了。""变形金刚,当时好贵的呢。""我自己织的围巾。"……

女青年在这照片中也不时出现,只是一次比一次老,慢慢有了皱纹,腰也不再那样挺直,不变的是她脸上的笑容和眼里的慈爱。

最后一组镜头是十六张照片依次播放,每张都是王露和女儿还有一个生日蛋糕，曾经那样幼小的肉团一张一个样，个头从刚到妈妈腰，到肘，到肩，到耳，最后一张竟然超过妈妈。

看着这些，女儿不知道心里是什么滋味，想要说些什么又不知道说些什么，眼睛先红了。王露走过去揽过她的肩膀："今天的照片还没拍呢。"

"嗯，我们每年都拍，一直到永远。"女儿说。

出色妈妈课堂

　　成长录像是近年来流行的亲子手段之一，它把孩子成长过程中重要的片断记录下来，进行归类整理后保存，一方面让孩子明白爸爸妈妈对自己有着怎样的关爱和付出，从而明白自己应该怎样回报父母的养育之恩；一方面则是收集生活中幸福的片断不时回味，提高对生活的满意度和幸福感。

课后作业：如何拍一部成长录像

第一步：素材搜集

拍下每年的特殊日子，如生日、节日等；

拍下孩子的每个第一次，如第一次走路、第一天上学等；

拍下孩子的每一点成就，如绘画作品、手工作品；

拍下孩子每一个阶段的纪念物，如成绩单、毕业证；

拍下某些特殊地点的照片，如学校大门或者景点；

拍下孩子和自己的合影。

第二步：归纳整理

把拍下的照片归类整理，挑选出不同主题要用的照片，如"大学生是这样养成的"可以是与孩子学习有关的照片，如成绩单、证书等，而"小胖妞变靓妹"则可挑选体型变化比较有代表性的照片。

第三步：制作录像

选一个图片处理器，把图片制作成可播放的文件，并且可以根据喜好添加背景音乐、画面文字以及自己的声音录音等。

交换日记本

上高三了，女儿变得非常忙，一个月难得回家几次，就算回家也是埋在书堆里写写画画，要不就是关着门大声背诵，总腾不出时间和张倩聊聊。

张倩也明白女儿的苦衷，高三嘛，当然得把时间都放在学习上，不然高考考得不好怎么办？可是她又担心女儿，怕发生了什么事自己不知道。

不光是张倩烦，女儿也烦。每次回到家，总觉得家里有点变化，爸爸妈妈随口说起什么事自己都不知道，连买了新车这么大的事自己都是半个月后才知道，这种被排斥在家庭外的感觉真是糟糕。

可是又能怎样呢？那么多作业考试，自己拼了命去学还嫌时间不够，哪能像以前那样和妈妈慢慢逛街，边走边聊天？何况事情太多人忙得晕头转向，明明有个什么事该问妈妈，或是有什么东西要告诉妈妈，可是一转身就忘了。

这天女儿翻找旧时的一些考试卷子做复习之用，碰巧翻出小学时候的联络本。这本子是当时老师、家长各自把孩子在校在家的表现写了给对方看，以免孩子有所遗忘。

"妈，我们再用这个好不好？"女儿突然想到一个主意。

张倩笑了："都多大人了还用这个，妈信得过你不会做坏事。"

"我的意思是我记录学校发生的事，你把家里的事一一记下来，我回来的时候就交换看，免得什么都不知道好不好？"

"我女儿真是聪明，就这么办。"张倩欣喜地看着女儿。

半个月后，女儿又回家了，刚进家门就嚷着交换彼此的日记。

外婆养了只狗叫欢欢，家里买了个新吸尘器，爸爸正在联系一家新公司上班……简简单单几句话，这段时间发生的事情一目了然。

老师说我理科成绩不错，就是语文弱点，上周体育课我长跑得了满分，寝室同学准备提前出国躲避高考……张倩也对女儿的生活了如指掌。

虽然女儿还是埋首功课中，可是张倩觉得以前隔在女儿和自己之间的那道墙没有了。

出色妈妈课堂

　　随着孩子逐渐长大，学校生活的比重开始增加，自己的社交生活增多，分配给家庭的时间精力就会相应减少，令孩子有疏离的感觉。如果父母长期忽视这个问题，那么孩子就会产生"我好像不是这个家庭中的一员"的感觉，感情受到伤害而逐渐主动减少和家里的联系，长此下去会减弱其对家庭的牵挂和关系，逐渐演变为冷漠。

　　交换日记是避免亲情流失的一种好方式。及时、简单记录下所发生的事件和自己的想法，无需花费太多时间、精力即可让对方了解自己的生活，使日记成为维系亲情的纽带，避免彼此间越来越生疏的感觉。

孝子贤孙伺候着

张竹觉得自己的儿子不是不乖,对自己的爱也无可置疑,可是有时候就是觉得没底气,因为她很难找出孩子爱自己的证明。

例如回家的时候,朋友的女儿就会主动拿来拖鞋,嘘寒问暖地端茶递水,还会攥着小拳头给朋友捶背。这一幕让朋友暗自得意,让张竹羡慕无比。

回到家张竹看看坐在沙发上看电视的儿子,叹口气,弯下腰自己拿了拖鞋,闷闷不乐地走进卧室。丈夫问她怎么了,张竹将事情说了,扁扁嘴:"你说我们的儿子是不是不孝顺,不爱我们?"

丈夫奇怪道:"你希望他这么做就叫他做啊,也许他是想不到你希望他这么做,而不是知道了不愿这么做呢?"

接着丈夫又引用《大话西游》的台词开玩笑:"你想要就说啊,你不说我怎么知道呢?虽然你很有诚意地望着我……"

张竹坐言起行,立刻冲着客厅喊:"乖乖,帮妈妈倒杯水好不好,妈妈好口渴。"

儿子噔噔噔端着一杯水跑进来:"妈妈喝水。"

丈夫趁机对儿子说:"你帮妈妈捶捶背好不好,妈妈刚才买了那么多吃的回家,胳膊酸背也痛。"

儿子听话地帮张竹揉肩捶背:"这里痛不痛,妈妈好辛苦哦。"

张竹满意地笑了。

从此张竹希望孩子该怎么做的时候就说出来,让儿子明白自己需要他的关怀,慢慢的儿子养成了孝顺妈妈的习惯,不需张竹事事提点也能主动关心妈妈了。

出色妈妈课堂

在孩子的成长过程中母亲一直扮演着照顾、付出的强势角色,孩子也因此养成了被照顾而不是照顾别人的习惯。虽然他爱自己的母亲,但是在他的心中母亲是十项全能的金牌选手,不需要他的帮助和照顾,所以很难自动产生照顾

母亲的意识。

而母亲本人也习惯于照顾孩子，为孩子付出，很少主动索要孩子的回报，但是在孩子对自己的辛劳无动于衷时又闷闷不乐。实际上天生懂事的孩子很少，大部分孩子需要你去指引教导他们，让他们明白母亲并不是不会累的铁人，需要他们的关心帮助。当他们明白自己被需要，也明白自己如何做才能满足母亲需要时，对母亲的爱才会找到适当的表达方式，成为长辈的孝子贤孙。

谈恋爱时常见女方抱怨男方不够温柔体贴，不够浪漫热情，而男方遭到埋怨的时候也感到委屈，常见的一句话就是："你想怎么说你就告诉我啊，不然我怎么知道你心里想什么。"这是由于双方思维差异造成的，无关感情是否深厚。和这种情况一样，母子之间并没有心灵感应，只有把自己的想法和需要大声说出来，才能避免双方因角色惯性造成的误会。

爱要怎么说出口

郑华出生于一个知识分子家庭，父母为人都比较严肃，不太习惯热情地表达情绪，连关怀子女都显得含蓄。在这样的家庭中，郑华自然也养成了一样的脾气，在表达感情的时候有点过分羞涩，那个"爱"字在嘴里有千斤重，压住了舌头，怎么也说不出来。

丈夫知道郑华的性格，倒也不强求郑华说什么甜言蜜语，于是郑华也不觉得自己这么内向有什么不好。

那天儿子回家后一直阴着脸，突然问："妈妈，我是不是你亲生的？"

郑华吓了一跳："当然是，你怎么问这个？"

原来今天上课的时候说起母爱，大家都炫耀着妈妈对自己的宠爱，这个说我是妈妈的心肝，那个说我是妈妈的宝贝，反正别人家似乎都是"爱"呀"疼"呀不离嘴，为什么自己从没听到妈妈这样对自己呢？

儿子越想越觉得不对，加上受电影、电视的影响，竟然得出一个惊人的结论：我难道不是妈妈亲生的？

郑华宽慰了孩子一番，总算打消了儿子的顾虑，可是面对儿子渴望自己说些"肉麻话"的眼睛，郑华还是感到万分为难。难为情了半天，郑华细声细气地说了句"你是妈妈的儿子，妈妈很喜欢你，关心你的"后红着脸假装镇定地走开了。

郑华也觉得自己应该更热情点，可是要她字正腔圆地说什么"爱"呀"心疼"啊，喊"宝贝心肝"啊，就是觉得别扭，甚至写在纸上都觉得难以下笔。

这天郑华看书，里面记载着作家三毛的爸爸用英文给她写信，信纸上写着"我爱你""爱你的父亲"之类的字眼就很流畅，用中文则不会用这么浓烈的字眼，心中一动。

想不到果然如此，郑华发现那些自己用中文怎么都觉得别扭的语句换了英文之后，果然顺溜了许多，几乎是毫不犹豫地写上了"dear son""I love you"。

发现了这个秘密，郑华每天都给儿子写上一张小卡片，让他感受自己的爱意。慢慢的，她习惯了表述自己的感情，开始试着用中文写"我亲爱的儿子"之类的语言。郑华相信不久的将来，自己应该可以毫无障碍地对儿子说："儿子，妈妈真的好爱你。"

出色妈妈课堂

比起西方的家庭关系，我们习惯于含蓄地表达自己的感情，更喜欢默默地做而不是大声地说。对于成年人来说，这样的表达方式自然问题不大，彼此能够根据对方种种作为来判断对方的心意，但是对于理解能力和观察能力都相对较低的孩子来说，这种含蓄的表达方式可能会造成如上文郑华儿子那样的误会，认为父母不爱自己，甚至怀疑自己是否是亲生的。

孩子更喜欢直观的、直接的表达方式，语言可以说是他们最容易接受的信息传递方式。比起为他们所做的一切，那些"肉麻"的话可能更能博得他们的好感，这也是小孩子"好骗"的原因之一。

面对这样的特点，可能很多家长都需要尝试调整自己的习惯，性格并不是一成不变的，表达方式容易受主观意愿而改变。为了孩子，尝试开口说爱，并不是想象中的那样难。

课后作业：习惯表达你的爱

（1）多买一些有"爱""love"之类字样的物品，习惯这些字眼出现在自己的生活中。

（2）跟着影视剧中的人物练习表达感情的对白。

（3）换一种语言表达会觉得更自在。

（4）把想说的写下来，这比开口更容易。

（5）想到就说别犹豫，越拖心理压力越大。

心意的外表

周陶觉得自己虽然算不上模范妈妈，可是对女儿的那一片心的确用到了十足。

和朋友聚餐看见有菜是女儿喜欢吃的，她就会提议自己为这道菜买单，打包带回家说是剩下的。

女儿喜欢的东西哪怕昂贵，她也会在逛街的时候悄悄买回家，声称刚好遇见减价。

吃饭的时候，因为女儿爱吃鸡腿，她就会抢着吃掉其他部分，说自己爱吃。

反正能想到的，周陶都做到了；暂时没想到的，她也努力地去想，看看要怎样才能让女儿享受到最好而不成其心理负担。

可是家长会后班主任和周陶私下谈话，说女儿有抱怨她的意思，要她回家好好沟通。

一头雾水的周陶回到家和女儿一谈，简直大吃一惊。

女儿说："你每次都给我带剩菜回来吃，好没面子。"

女儿说："送给我的东西都是打折的，都没有诚意。"

女儿说："每次吃饭都抢着吃你喜欢的，都不问问我想不想吃那些。"

自己做的事情在女儿眼里竟然完全变了样子，周陶沮丧之余，陷入了茫然：为什么会有这样的误会呢？

出色妈妈课堂

时时刻刻把自己的付出挂在嘴边，你的心意会变成对方的压力。但是把自己的心意隐藏起来，希望让对方在不经意间得到满足，也有可能引起另一种误会，认为你所做的一切只是顺水人情而不是有意为之，得出你不够重视他的结论。

如前文所说，孩子的观察和理解能力都远逊于成年人，有可能无法理解你

所作所为背后的心意,而把你表面上的解释当做你的真正含义。如果母亲过分掩饰自己的心意,孩子可能体会不到你行为后面的那份爱。

心意是好的,但是也需要合适的外衣。对于孩子来说,只要不把自己的付出当做威逼他服从的尚方宝剑,那么只管让他明白这么做都是为了他,每一件事里边都蕴藏着你浓浓的爱。

特别时刻很特别

这天女儿刚回家就拿着纸笔跑到何欣面前问:"妈妈,老师叫回来问家长我们有什么优点、缺点,记下来好做发展计划。你快说说我到底有什么缺点和优点?"

何欣正在厨房忙得像八爪鱼,闻言没好气地说:"没看我正忙吗,一会儿再说吧,你先去做作业。"

"这就是我的作业。"女儿坚持。

何欣没好气地打发女儿:"好好好,你的作业最大。没什么缺点,行了吧?"

"真的?"

"对,没缺点,只要你不在这碍事就没缺点。"

"那优点呢?"女儿边往纸上记边接着问。

"很多优点啊,会唱歌、会跳舞、会画画……"何欣看着锅里,心不在焉地回答。

不久何欣带着女儿参加同学会,大家都夸耀起自己孩子的成就来。说起某位同学的女儿跳舞得了奖,女儿也得意地插上一嘴:"我也会跳舞,这是我的优点。"

何欣打断女儿:"也不害臊,就你那随便蹦蹦跳跳几下,能和别人比吗?"

"我还会唱歌,边跳边唱。"女儿申辩。

"叫你少说两句你不听,你五音不全还提唱歌呢。看这个小哥哥,可是艺术团的领唱,你好好学学吧。"

女儿不再说话,闷头吃饭,可是不慎弄脏了新衣服,何欣有点气恼:"你老是这么粗心,也不改改。"

女儿理直气壮地说:"粗心不是我的缺点,我没有缺点。"

何欣更生气了,好好教育了女儿一顿,女儿号啕大哭,聚会不欢而散。

出色妈妈课堂

　　教育是随时随地需要进行的，但也不是是随时随地都适合进行的。当家长和孩子的心态不一致，没有同时作好沟通准备时，教育就会出现反效果。

　　上文何欣女儿希望得到教育的时候，何欣敷衍了事；而何欣说出真实意见的时候，女儿却因为之前误导而对自己的认识出现偏差，加上在公共场合这样一个不适合进行批评的地点，结果对何欣的教育表现出极度的反感，不但没有得到理想的教育效果，反而引起了母女间的矛盾。

　　可见教育需要双方心态的配合，适合的时间、适合的地点以及适合的心情缺一不可。订立一个特别的时间作为家庭教育的专用时刻，有利于双方在心态和环境上作准备，不至于因为毫无准备而导致没有效果、误导对方甚至造成伤害。

把自己也当成小孩子

刘琳从小聪明能干，是朋友圈里备受称赞的"十项全能"和"百科全书"，由不得她不染上一点点虚荣自负的小毛病，觉得自己什么都懂，别人知道的她知道，别人不知道的她也知道。

在家除了对丈夫耳提面命外，刘琳更是对自己天然的学生——女儿尊尊教诲，这件事要这样做，那件事要那样做。看着女儿言听计从，刘琳真是有说不出的成就感。

可是女儿长大了却开始挑战她的权威地位了。这天刘琳用胡萝卜烧了白萝卜，说都是蔬菜，味道又好，叫女儿多吃。

女儿有不同意见了："谁说的胡萝卜和白萝卜一起烧就好？这样有害！"

"怎么不是，我从小就知道，做了这么多年都是这样。"刘琳企图用经验压制女儿。

女儿不服气："你不信去网上搜一下。"

网上搜一下？那是女儿的专利。家里买电脑、装宽带、安软件都是女儿一手搞定的，刘琳最多就坐享其成地上上网，百度、谷歌之类的复杂东西，她也就是久仰大名，敬而远之了。

看着女儿反驳自己，刘琳觉得有些下不来台："什么网不网的，听我的，没错。我可是你妈，吃过的盐比你吃过的饭还多，不要以为会上网就了不起。"

"妈妈就了不起啊？年纪大说的就一定对？"女儿把碗往桌上一放，赌气不吃了。

出色妈妈课堂

家长有更多的经验，懂得更多的事情，但不代表孩子身上就没有他们不懂的东西。

由于孩子出生时几乎是一片空白，是父母带着他们逐渐认识这个世界的，所以父母往往会形成这样一个错觉：孩子永远不如自己见多识广，所以当意见对立的时候，家长往往习惯性地认为自己是正确的，并企图用自己的权威去压制孩子的意见。

但是这种行为难以得到孩子的认同，尤其是家长对于自己不了解的事物也以此作为应对方式的时候，非常容易激起孩子的抵触情绪，甚至将这种对权威的反感延伸到其他事物上，造成家长教育和情感沟通的双重失败。

因此，对于孩子提到自己不熟悉事物的时候，我们不妨把自己当做小孩子，调整教育和受教育双方的位置，让孩子带领我们去认识那个属于他们的陌生世界。要知道高压政策往往只带来反抗，低姿态却能赢得尊重和爱。

不贴邮票的信

时娜和朋友一起逛街，付账的时候突然在钱包里摸出一张纸条。时娜一看，笑意盈盈。

朋友凑过去一看，上面歪歪斜斜地写着："我爱你。"于是取笑说："想不到你和老公结婚这么多年还这么浪漫。"

时娜小心把纸条叠好放回钱包说："不是我老公，是我的儿子。"

原来这是时娜和儿子之间的小把戏。两人都会把一些写着自己心意的小纸条偷偷放到某个地方，让对方随时随地都有惊喜，随时随地都感受到自己的爱。时娜钱包里的小纸条就是前段时间儿子趁她在厨房洗菜的时候放进去的。

虽然现在通讯已经很发达，不光有传统的信件，还有 QQ、MSN 等一系列通讯软件，用手机更是随时都可以发送短信给对方，但是信件有延迟，不能随身携带，通讯软件受环境限制，短信对于大部分时间都在上课的儿子也不甚方便，这样的小纸条游戏刚刚好，还有着仿佛探宝的趣味，所以游戏虽然简单，但时娜和儿子却乐此不疲。

出色妈妈课堂

表达感情不需要特定的时刻和环境，也未必需要很昂贵的礼物，重要的是彼此的心意。常年以礼物或者其他物质来表达自己的爱，可能在孩子的潜意识中留下"物质=心意"的种子，长大变得拜金，或者不知道怎么表达自己的关爱。

培养孩子寻找生活的乐趣，用技巧来表达心意，尽可能地少花钱多用心，才是最好的爱的方式。

课后作业：六种不可缺少的爱意传达

（1）一份亲手制作的礼物。

（2）一篇为对方而写的文章。

（3）一个为对方而创作表演的节目。

（4）一个认真的吻。

（5）一次不太专业的按摩。

（6）一声"我爱你"。

大胆开口要礼物

因为身体不好,高燕之前几次怀孕孩子都没有顺利出生,现在的孩子得来不易,所以她特别宝贝这个孩子。

孩子被当成掌上明珠,高燕的生活几乎是围着他转,只要孩子有什么要求,她都会尽力办到。

不只如此,她还怕儿子委屈自己,总是问他"宝宝想要什么?""宝宝想做什么?"

不过高燕并没有因此放松对孩子的教育,所以在如此的宠溺下,孩子没变成自私自利的小霸王,倒是经常问高燕"妈妈吃这个吗?很好吃。"之类的话。每年生日,孩子也会主动问:"妈妈生日要到了,想要什么生日礼物呢?"高燕总是抱着孩子亲亲:"宝宝就是最好的礼物,妈妈不要其他礼物了。"

虽然高燕总是拒绝儿子的好意,可是心里却是甜甜的。可是最近她发现儿子不怎么问这些问题了,心下非常失落:孩子不再爱自己了吗?

出色妈妈课堂

如果一个人的尝试总是失败,即使他不会放弃也会改变自己的做法。高燕儿子的好意总被高燕拒绝,会给他"妈妈的确不喜欢这个"的错觉,进而放弃询问高燕的意见。时间一长,甚至可能真如高燕所担心的那样,变得不再关心自己的母亲。

许多母亲都认为孩子的心意最重要,并不一定要落实到行动上。但是因为怕孩子太累付出太多而老是阻止孩子的行动,不光是拒绝了孩子心意的表达,也是拒绝了孩子的心意,久而久之,会让孩子放弃心意的表达也放弃了对父母的心意。

把自己放在受宠的地位,习惯孩子对自己的好,甚至主动索取对方的宠爱——礼物,对双方来说都是一种新的情感体验。爱不是单方面的输出,只有交流才会让它们生生不息,持续生长。